AF501911

JOURNAL

D'UN OFFICIER

DE L'ARMÉE D'AFRIQUE.

JOURNAL

D'UN OFFICIER

DE L'ARMÉE D'AFRIQUE.

Avant de raconter les faits dont il a été témoin, l'auteur de ce Journal a cru devoir exposer rapidement les causes qui ont amené une Rupture entre le gouvernement français et la régence d'Alger. Les détails qu'on va lire lui ont été communiqués par ce Juif algérien dont le nom a acquis une sorte de célébrité. Sous ce rapport, ils lui ont paru offrir quelque intérêt. La partie de cet écrit qui est relative aux événemens de l'expédition est la seule d'ailleurs dont il puisse garantir l'exactitude.

Peu de temps après que le gouvernement républicain eut été établi en France, un marché fut conclu avec Jacob Bacri, négociant d'Alger, pour qu'il expédiât des grains à Toulon. Des achats considérables eurent lieu tant sur différens points de la côte d'Afrique que dans quelques ports de l'Italie. Les grains arrivèrent en France; mais Bacri ne reçut pas même une faible partie de sa créance. Le gouvernement d'alors était hors d'état de satisfaire à ses engagemens. Ceux qui lui succédèrent, quoique dans une position plus favorable, refusèrent d'acquitter une dette contractée à une époque déjà reculée. L'établissement du régime constitutionnel, les garanties qu'il offrait aux créanciers de l'État, ranimèrent les espérances du négociant algérien, et en 1816 il chargea un jurisconsulte de soutenir ses droits auprès du gouvernement français. Une commission fut enfin nommée, et après un mûr examen, elle reconnut que la réclamation était fondée. La somme due s'élevait à 14 millions y compris les intérêts. On transigea, et une convention arrêtée en 1817 réduisit la dette à 7 millions en capital, que devait représenter l'inscription sur le grand-livre de 350,000 francs de rente. Les créanciers de Bacri ayant mis opposition, les valeurs qui lui étaient destinées furent déposées à la caisse des consignations. Plusieurs procès s'en suivirent, et des paiemens exécutés en vertu de jugemens rendus eurent bientôt réduit la somme déposée à un capital de quelques centaines de mille francs. Bacri avait espéré un résultat plus favorable; toutefois il convient qu'on a observé à son égard toutes les formes de la justice; aussi fut-il étranger aux réclamations qui donnèrent lieu à la guerre. Le dey Hussein-Pacha, à qui il avait acheté des denrées de différente espèce, était son créancier pour une somme de 70,000 piastres. La dette du gouvernement français était aux yeux de Hussein sa plus sûre garantie ; il se plaignit avec amertume des paiemens qui avaient été faits, et parut douter qu'ils l'eussent été de bonne foi : cette opinion fut partagée par beaucoup de Français ; mais les déclarations de Bacri nous ont fait penser qu'elle était dénuée de fondement. Le négociant juif acquitta la dette qu'il avait contractée envers Hussein ; mais le dey n'en persista pas moins dans ses réclamations, et des discussions très vives eurent lieu entre lui et M. Deval, consul de France à Alger. Une négociation directe avec Charles X lui parut le plus sûr moyen d'obtenir satisfaction. Il écrivit à ce prince, mais sa lettre demeura sans réponse. Un jour (le 30 avril 1827) qu'il s'en plaignait à M. Deval, celui-ci répondit qu'il était au-dessous du roi de France de correspondre directement avec un dey d'Alger. Hussein avait à la main un de ces éventails formés de plumes de paon, dont on se sert en Afrique pour chasser les mouches : il en frappa le consul. « Ce n'est pas à moi, dit M. Deval, c'est au roi de France que l'insulte a été faite. » Le dey répondit qu'il ne craignait pas plus le Roi que son représentant. On a prétendu que c'était dans une discussion relative aux intérêts de la cour de Rome que la scène qu'on vient de citer avait eu lieu. C'est une fiction de l'esprit de parti. M. Deval avait été chargé en effet de soutenir auprès du gouvernement de la Régence les intérêts des sujets romains; mais cette mission n'eut aucun rapport avec la rupture qui éclata.

Le consul rendit compte à sa cour de ce qui s'était passé. Il reçut l'ordre de quitter Alger, et dès lors on regarda la guerre comme déclarée. La prudence, a-t-on dit, imposait au gouvernement français l'obligation de tenir l'insulte secrète : cette opinion n'est pas la nôtre. Qu'on en appelle aux hommes de cœur : un outrage reçu dans l'ombre en est-il moins un outrage? Il est douteux que dans le cas même où on se serait résigné au silence, l'objet eût été rempli; ne devait-on pas craindre que le gouvernement algérien ne publiât lui-même un fait dont il pouvait tirer vanité? Le ministère n'aurait-il pas été en butte à de nombreuses attaques? Ne lui aurait-on pas reproché avec raison de laisser avilir le nom français? Ne devait-on pas supposer enfin que sur ce point les organes de tous les partis tiendraient le même langage? Quoique opposé par système à toute espèce de guerre, M. de Villèle, alors président du conseil, ne crut pas qu'il fût possible de rester en paix sans que des réparations eussent été obtenues. Des armemens furent ordonnés; le premier ministre toutefois n'avait pas entièrement perdu l'espoir de prévenir les hostilités. On se serait contenté d'une faible réparation; mais le dey ne voulait consentir à rien. Dans le courant de 1827, un membre du ministère ayant soumis au Roi le projet d'une expédition, M. de Villèle parvint à en faire ajourner l'exécution. Il songeait alors à dissoudre la Chambre : le succès des moyens qu'il avait employés en 1824 lui semblait infaillible, et il ne crut pas nécessaire d'avoir recours au prestige de la gloire des armes. Cependant, il était possible que, dans la situation où se trouvait la France en 1827, un événement comme la prise d'Alger le rendît maître des élections. Plus tard, il est vrai, un autre ministère tomba au milieu des chants de la victoire; mais ce ministère était sans force et sans amis. L'expédition avait été tentée comme la ressource du désespoir : la France entière en eut la conviction; c'en était assez pour que le but ne fût pas atteint. On vit pour la première fois une partie des Français presqu'insensibles à la gloire nationale, et ceux mêmes que nos succès avaient remplis d'allégresse cessèrent d'y applaudir, lorsque les ordonnances de juillet vinrent renverser les lois de l'État.

A l'époque où, trompé dans ses espérances, M. de Villèle quitta la direction des affaires, la question d'Alger n'était point encore résolue. Charles X, en ouvrant la session de 1828, rappela les griefs du gouvernement français contre la Régence, et menaça le dey d'une punition éclatante. Aucun effet ne suivit ces menaces que les hommes sages avaient trouvées imprudentes, et bientôt elles parurent entièrement oubliées. Pendant la session de 1828, des intérêts d'une autre nature occupèrent les esprits. On songeait bien plus à obtenir par des économies la faveur des Chambres qu'à donner à l'armée de nouveaux titres de gloire. Cependant le projet d'une expédition contre Alger ne fut point entièrement abandonné. Une commission présidée par le général Loverdo fut chargée de faire de nouvelles recherches sur les moyens d'exécution. Les renseignemens qu'elle recueillit furent d'un grand secours pendant la campagne. On tenta de nouveau la voie des négociations, et lorsqu'on croyait toucher au terme, quelques coups de canon tirés déloyalement contre un vaisseau parlementaire firent évanouir toutes les espérances. Cet événement avait eu lieu le 27 juillet 1829, et lorsque la nouvelle en parvint en France, déjà M. de Polignac était à la tête des affaires. Dès lors les griefs du gouvernement français contre la Régence durent cesser de paraître imaginaires même aux hommes les plus prévenus. Les organes de l'opposition déploraient le degré d'abaissement auquel on avait laissé descendre la nation française. Il semblait urgent de prendre un parti décisif; plusieurs de nos bâtimens de guerre croisaient devant le port d'Alger. Cette mesure, quoiqu'elle nécessitât chaque année une dépense de cinq millions, était peu efficace. Le commerce languissait dans les ports de la Méditerranée; le prix des assurances s'y était considérablement élevé, et bien que le résultat dût être attribué à l'inquiétude des esprits plus qu'aux prises faites par les Algériens, de nombreuses doléances appelèrent l'attention du gouvernement. M. de Bourmont désirait une expédition dont le succès devait donner de l'éclat à son ministère, et que peut-être il avait l'espoir de commander. Ses collègues la regardant comme populaire, croyaient y trouver un moyen de force. Soit que cette idée séduisît Charles X, et que déjà le projet d'un coup d'État fût arrêté dans son esprit, soit que l'insulte faite à la France eût ranimé chez lui cette haine des Barbaresques qui pendant le dernier siècle était si vive en Europe, il se prononça pour l'expédition. Le dauphin ne céda que lentement à l'opinion de son père.

Des conférences s'ouvrirent chez le prince de Polignac. On y appela les ministres, les inspecteurs généraux d'artillerie et du génie, le général Valazé l'un des membres de la commission qu'avait présidée le général Loverdo, et plusieurs officiers généraux et supérieurs de la marine. Parmi ces derniers, une opinion presque unanime repoussait le projet qui avait été conçu. La phrase de Salluste : *Mare sævum et impetuosum* était le texte de presque toutes les argumentations. On s'attachait surtout à prouver que le débarquement présenterait des difficultés presque insurmontables, et que lorsqu'il aurait été opéré, la communication entre l'armée de terre et l'armée de mer serait souvent interrompue pendant plusieurs jours.

Les capitaines de frégate Dupetit-Thouars et Taradel furent les seuls marins qui ne mirent pas en doute le succès. Leur confiance produisit d'autant plus d'impression qu'ils avaient longtemps croisé dans les parages africains. Le général Valazé parla dans le même sens que ces deux officiers, mais en ayant recours à des argumens d'une autre nature. Il invoqua l'histoire, cita les descentes qui avaient été tentées sur la côte d'Afrique, fit voir que toutes avaient réussi, et que les désastres dont les annales espagnoles avaient perpétué le souvenir étaient étrangers aux difficultés du débarquement. Soit que ses argumens eussent plus de force que ceux de ses adversaires, soit que des considérations politiques eussent d'avance décidé la question, les ministres parurent convaincus par la discussion que le succès était presque infaillible, et, vers la fin de janvier, des ordres furent donnés pour que l'on s'occupât des préparatifs avec la plus grande activité. On craignait qu'il ne fût trop tard pour ceux de la marine. La correspondance des préfets de Brest et de Toulon était loin d'être rassurante : tous deux pensaient que l'armée navale ne pourrait mettre à la voile avant la fin du mois de juin. Si cette opinion eût été fondée, il aurait fallu renoncer à l'expédition. Les principaux employés du ministère de la marine tenaient le même langage que les préfets. M. d'Haussez ne fut point découragé par ces oppositions, et ce fait est d'autant plus remarquable qu'on le croyait faible et irrésolu. Il déclara dès le premier moment que tout serait prêt le 15 de mai. Il faut lui savoir gré d'une confiance que les effets ont justifiée. L'ordre et la promptitude avec laquelle se firent les immenses préparatifs de l'expédition ont donné à tous les cabinets de l'Europe la plus haute opinion des ressources de la marine française, de l'habileté de ses officiers, de l'organisation de toutes les parties de son service.

Les circonstances étaient peu favorables. Plusieurs des bâtimens de l'expédition de Grèce venaient d'être désarmés. Une décision prise deux mois plus tôt aurait rendu les préparatifs plus prompts et moins dispendieux.

La résolution adoptée fut à peine connue du public que les plus vives clameurs s'élevèrent de toutes parts. La méfiance qu'inspirait le ministère du 8 août fit supposer que le succès serait funeste aux libertés de la France. Parmi les censeurs, il en était qui regardaient comme insensée toute expédition d'outre-mer, qui, en blâmant celle de Morée, avaient acquis le droit de se prononcer contre celle d'Afrique, qui pensaient enfin que l'argent des contribuables serait bien plus utilement employé à ouvrir des routes et à creuser des canaux qu'à faire des conquêtes plus brillantes que solides. Mais un petit nombre d'hommes appliquent les mêmes principes à tous les cas : tel qui avait prétendu que, pour ressusciter ce beau nom de la Grèce, la France ne pouvait faire trop de sacrifices, reniait ces sentimens chevaleresques, lorsqu'il s'agissait de la guerre d'Alger.

Les partisans de l'expédition auraient craint alors d'opposer au tableau des dépenses la perspective d'un trésor de 50 millions. Cette évaluation aurait paru à leurs adversaires ridiculement exagérée. Cependant, quelques mois après, ces 50 millions parurent fort loin de répondre aux espérances que l'on avait dû concevoir.

L'opinion émise par la plupart des officiers généraux de la marine était sans doute une autorité imposante : on ne se contenta point de l'invoquer. Après avoir cherché à frapper les esprits par la perspective des dangers de mer, on fit le tableau le plus effrayant des calamités qui nous attendaient sur la plage africaine. La soif devait nous dévorer; pas une source, pas un filet d'eau, depuis le point de débarquement jusqu'aux murs d'Alger. L'Afrique! ce mot seul faisait naître dans tous les esprits l'idée d'une chaleur accablante, d'une stérilité absolue. Deux cent mille Arabes allaient nous envelopper d'un réseau formidable; leur cavalerie valait celle des Mamelucks; Alger était une place inexpugnable; les hauteurs qui l'environnaient avaient été couronnées de nouveaux ouvrages; des ingénieurs européens devaient diriger la défense; on citait leurs noms : les Turcs de la Régence, peu redoutables en rase campagne, se préparaient à défendre les murs d'Alger comme leurs compatriotes avaient défendu ceux de Saint-Jean d'Acre. Plus tard on exagéra la facilité du succès pour en contester la gloire.

Nous avons observé ces contradictions sans étonnement; nous les rappelons sans amertume. Tous les partis se font et méritent les mêmes reproches. Un jour, peut-être, celui qu'attaquait l'opposition aura recours aux armes dont on se servait contre lui.

L'entreprise résolue, le choix du chef de l'armée navale occupa les ministres. Les vice-amiraux Duperré et de Rigny étaient surtout désignés par l'opinion publique : de beaux faits d'armes jetaient de l'éclat sur le nom du premier. Appelé en Espagne en 1823, il avait dirigé les préparatifs de l'attaque par mer projetée contre l'île de Léon, attaque que prévint la capitulation de Cadix. Le grade de vice-amiral fut le prix des services qu'il avait rendus alors. M. de Rigny devait surtout sa renommée à la victoire de Navarin. Il passait dans le corps de la marine pour un homme de beaucoup de capacité et de résolution.

M. de Bourmont, qui commandait les troupes destinées à l'attaque de l'île de Léon, avait passé plusieurs jours à bord de l'amiral Duperré; il se prononça pour lui dans le conseil. Le Roi et les autres ministres furent d'autant moins disposés à combattre son opinion, que M. de Rigny se trouvait alors dans l'Archipel, et qu'il avait refusé d'être le collègue de M. de Polignac.

Les opinions libérales de l'amiral Duperré ne furent point un obstacle à sa nomination. On est forcé de convenir que, si cette guerre eut pour but, comme on l'a supposé, la ruine de nos institutions, le choix des hommes appelés à la faire ne fut pas déterminé par leur couleur politique. Au commencement de mars, celui du commandant de l'armée de terre était, du moins en apparence, encore incertain. On pensait généralement que, dans une campagne lointaine, et où l'autorité devait avoir beaucoup de force, il était nécessaire que le chef fût revêtu du grade militaire le plus élevé. Parmi les maréchaux, le duc de Raguse était le seul qui avouait hautement ses prétentions. Avide de célébrité, facilement accessible à la séduction des idées chevaleresques, il brûlait d'accomplir ce que Charles-Quint et Louis XIV avaient tenté sans succès.

Les lieutenans-généraux Gérard, Reille et Clausel, étaient aussi sur les rangs. M. de Bourmont aurait sollicité vivement la nomination du premier s'il n'avait pas lui-même aspiré à commander l'armée. Charles X parut un moment incliner vers ce choix. La dauphine, juste pour le général Clausel, ne dissimulait pas l'opinion avantageuse qu'elle avait de son caractère et de ses talens.

Il y aurait eu de l'habileté à choisir le général en chef dans les rangs de l'opposition; du moins est-il hors de doute que c'eût été pour l'armée une combinaison heureuse; mais la nomination de M. de Bourmont, qu'il paraissait lui-même regarder comme douteuse, était décidée dans l'esprit du Roi. S'il en eût été autrement, le choix du général en chef aurait précédé celui des commandans du génie et de l'artillerie, du chef d'état-major général et de l'intendant en chef. Les généraux Valazé et La Hitte furent nommés d'abord : le premier avait fait avec distinction plusieurs siéges mémorables. Pendant celui de Saragosse, il remplissait les fonctions de chef d'état-major du génie; il dirigeait les travaux de celui d'Astorga, lorsqu'une blessure à la tête mit en danger sa vie. Le second avait commandé l'artillerie en Morée; sa position auprès du dauphin faisait regarder son rapide avancement comme le résultat de la faveur. L'armée d'Afrique tout entière dira que sa brillante valeur, ses talens et son noble caractère, ont tout justifié.

La direction de l'administration fut confiée à M. l'intendant Denniée, qui avait été ordonnateur de plusieurs corps d'armée; le lieutenant-général Desprez fut appelé aux fonctions de chef d'état-major qu'en 1823 il remplissait à l'armée de Catalogne. Parmi ces hommes, il n'en était pas un seul qui crût qu'on pût gouverner la France en sortant des voies légales.

Avant même que ces nominations fussent décidées, on s'était occupé de l'organisation de l'armée. Cette opération semblait présenter de graves difficultés. Les corps avaient été considérablement affaiblis par le départ d'un grand nombre de soldats envoyés dans leurs foyers avec des congés d'un an. Aussi doutait-on généralement qu'il fût possible de réunir, avant la fin de mai, des forces suffisantes pour l'expédition. Cependant la facilité avec laquelle le gouvernement fit un emprunt de 80 millions leva tous les obstacles. Le crédit public s'était soutenu. Ce fait mérite de fixer l'attention des publicistes. Un orage terrible menaçait la France; jamais les ministres n'avaient été plus impopulaires, et jamais le gouvernement n'avait emprunté à des conditions plus favorables.

L'effectif de l'armée devait être de trente-cinq mille hommes. Après le succès, on ne manqua pas de dire que des forces beaucoup moins considérables auraient suffi. Nous pouvons répondre que le chiffre avait été fixé par le colonel Boutin, dont les Mémoires offrirent à l'armée de si utiles renseignemens. Le général Boyer, qui avait fait la guerre d'Égypte, pensait qu'il serait imprudent de tenter l'expédition avec moins de quarante mille hommes : son opinion est consignée dans un Mémoire qu'il adressa au gouvernement.

Dix-huit régimens devaient composer l'infanterie de l'armée. On décida que ces corps auraient deux bataillons forts chacun de sept cent cinquante hommes (sous-officiers et soldats). Pour les compléter, il fallait avoir recours à des moyens extraordinaires. Plusieurs se présentaient.

On proposa de ne former qu'un bataillon de guerre par régiment, et de réunir deux bataillons de différens corps pour en composer un régiment expéditionnaire. Ce projet, sous le rapport du choix des hommes, aurait offert quelques avantages ; mais des inconvéniens graves en seraient résultés. On sait combien est puissante l'influence de ce qu'on appelle esprit de corps. Une pareille organisation lui aurait porté un coup funeste. Comment aurait-on désigné le régiment formé de deux bataillons étrangers l'un à l'autre ? Adopter le numéro de l'un d'eux, c'eût été faire injure à l'autre. En faisant disparaître les numéros sous une dénomination nouvelle on aurait déshérité les corps d'une gloire pour eux si précieuse ; les chefs de ces régimens se seraient trouvés dans une fausse position. Quoi qu'ils eussent fait, on les aurait accusés de partialité en faveur de celui des bataillons qu'ils auraient commandé antérieurement à l'expédition. On ne l'éprouva que trop pendant la campagne pour les deux régimens d'infanterie légère. On aurait pu, en demandant deux bataillons au même régiment, compléter ces bataillons avec des hommes pris dans d'autres corps. Mais les colonels à qui on aurait enlevé l'élite de leurs soldats n'auraient-ils pas élevé de justes réclamations? L'expérience a démontré qu'un régiment ainsi décimé perd quelquefois pour toujours sa force morale. Le mode suivant obtint la préférence sur tous ceux qui avaient été proposés. Les soldats envoyés dans leurs foyers avec des congés d'un an, furent rappelés sous les drapeaux et incorporés dans des régimens peu éloignés des lieux de leur résidence. Cette disposition eut aussi des censeurs : on prétendit que des hommes qui s'étaient crus affranchis du service militaire quitteraient leurs familles avec regret, que les uns chercheraient à se soustraire aux ordres qu'ils auraient reçus, que les autres serviraient à contre-cœur, et communiqueraient leur dégoût aux soldats des corps dans lesquels on les aurait appelés; c'était ne pas rendre justice au caractère français. Le signal d'une guerre aventureuse avait réveillé une ardeur qui semblait s'être éteinte au milieu de la paix. La mer à franchir, des Turcs à combattre, des esclaves chrétiens à délivrer, c'en était assez pour enflammer l'imagination de nos jeunes soldats; tous quittaient avec allégresse le foyer paternel. Dans beaucoup de départemens les malades seuls ne répondirent pas à l'appel. Des soldats qui avaient atteint le terme de leur service contractèrent des engagemens. On vit des caporaux renoncer à leurs galons pour être incorporés dans les bataillons de guerre. Enfin quelques sergens-majors consentirent, pour obtenir le même avantage, à n'être employés que comme sergens; personne ne voulait faire partie des bataillons de dépôt. Trente voltigeurs du 49e qu'on avait laissés à Poitiers, rejoignirent sur la route de Toulon les bataillons de guerre; ils avaient fait trente lieues à leurs frais. Considéré sous le rapport de la discipline, cet acte est répréhensible sans doute. Quoi qu'il en soit, ne nous plaignons pas d'avoir eu à sévir contre de pareilles fautes.

Dans quelques régimens, le mode prescrit fut insuffisant, et il fallut pour les compléter affaiblir des corps qui restaient en France; l'obligation où l'on était d'organiser rapidement fit même admettre dans les bataillons de guerre des soldats appartenant aux compagnies de discipline. Des inconvéniens en résultèrent sans doute ; quelques exemples dangereux furent donnés par ces hommes, qui en général n'étaient pas sortis meilleurs de leurs ateliers ; mais le mal fut moins grand qu'on ne pouvait le craindre, et dans les circonstances les plus importantes, on vit la discipline rigoureusement observée.

Les seize régimens d'infanterie de ligne dont les numéros suivent, furent désignés comme devant donner chacun deux bataillons de guerre : 3e, 6e, 14e, 15e, 17e, 20e, 21e, 23e, 28e, 29e, 30e, 34e, 35e, 37e, 48e et 49e ; on organisa en outre deux régimens de marche. Les quatre bataillons dont ils furent formés appartenaient aux 1er, 2e, 4e et 9e régimens d'infanterie légère.

On avait décidé que la force des compagnies du centre serait de quatre-vingt-quatorze hommes, et que celle des compagnies d'élite s'élèverait à cent vingt. Pour les dernières le nombre prescrit fut dépassé et presque tous les bataillons présentèrent plus de sept cent cinquante baïonnettes.

Les dix-huit régimens devaient former trois divisions d'infanterie chacune de trois brigades.

On avait pensé que trois escadrons forts chacun de cent cinquante chevaux suffiraient dans une guerre dont un siége devait être la principale opération, et pendant laquelle il fallait s'attendre à n'avoir de fourrages que ceux qui seraient expédiés de France. De ces trois escadrons, deux appartenaient au 17e, un au 13e régiment de chasseurs à cheval. Leur réunion forma un régiment qui prit le nom *de régiment des chasseurs d'Afrique,* et dont le colonel Bontems Dubarri eut le commandement.

On savait que des pièces de canon très mobiles inspireraient un grand effroi aux ennemis que l'armée allait avoir à combattre. Des ordres furent donnés pour la formation de quatre batteries de campagne et d'une batterie d'obusiers de montagne. Il n'y eut point d'artillerie attachée spécialement à chaque division. Le général en chef devait en mettre à la disposition des lieutenans-généraux, lorsqu'il le jugerait convenable.

On comptait dans l'équipage de siége quatre-vingt-deux bouches à feu, savoir : trente pièces de vingt-quatre, vingt de seize, douze de douze long, douze obusiers de huit pouces, huit mortiers de dix pouces. L'approvisionnement était fixé à raison de cinq cents coups par pièce de campagne, de mille par pièce de vingt-quatre, de seize et de douze; de huit cents coups par mortier et par obusier de huit pouces. Il était vraisemblable que ce matériel excéderait les besoins; mais la prudence exigeait qu'il en fût ainsi dans un pays où les remplacemens devaient être si longs et si difficiles.

Dix batteries non montées, une compagnie de pontonniers et une compagnie d'ouvriers, étaient destinées à construire et à servir les batteries de siége, ainsi qu'à exécuter tous les travaux relatifs au service de leur arme. Pour le matériel de l'artillerie de siége et de l'artillerie de campagne, on avait adopté le nouveau modèle. L'épreuve du champ de bataille allait résoudre complétement une question qui pour beaucoup de militaires était encore indécise.

On avait cru pouvoir employer avec avantage les nouveaux fusils de rempart; cent cinquante de ces armes étaient comprises dans le matériel de l'artillerie. On emporta aussi un assez grand nombre de fusées à la Congrève.

Six cent cinquante chevaux étaient affectés au service de l'artillerie de campagne. On forma pour le transport de l'artillerie de siége et des projectiles quatre compagnies du train des parcs, dont chacune reçut cent cinquante chevaux. Trente mulets devaient transporter les pièces de montagne et leurs caisses de munitions. Cette organisation fut dirigée jusque dans ses moindres détails par le général Vallée. Sa consciencieuse application, sa longue expérience, la connaissance parfaite qu'il a de son métier, furent d'un grand secours. On reconnut plus tard que tout avait été prévu. Quatre compagnies de l'artillerie de la marine étaient destinées à faire partie de l'armée de terre pendant la campagne. Chaque compagnie était composée de cent canonniers.

Il y eut moins de difficultés à vaincre pour l'organisation du personnel et du matériel du génie. Six compagnies de sapeurs et deux de mineurs, fortes chacune de cent cinquante hommes, furent dirigées vers Toulon; elles appartenaient aux deux régimens du génie en garnison à Metz et à Montpellier. Le parc du génie devait se composer de vingt voitures et de cent trente chevaux. On forma un approvisionnement très considérable en outils de toute espèce et en sacs à terre. Huit blockhaus furent construits; ils étaient destinés à protéger la marche des convois depuis le point de débarquement jusqu'au camp devant Alger. Ces préparatifs se firent sous l'habile surveillance du général Valazé.

Les troupes d'artillerie et du génie étaient aussi belles que bien exercées. Dans aucune de nos armées, le nombre des habiles pointeurs n'avait été proportionnellement aussi considérable. Les sapeurs et les mineurs n'étaient étrangers à aucun des travaux relatifs à leur service. On avait choisi les officiers parmi les plus distingués des deux armes.

Les troupes du service administratif, dont il fallut improviser l'organisation, furent par cela même bien loin de présenter une composition aussi satisfaisante. Castres fut indiqué comme le point où devaient se former les compagnies d'ouvriers. On décida qu'elles seraient au nombre de quatre, que chacune compterait deux cents individus, parmi lesquels il y en aurait de toutes les professions reconnues utiles dans les armées : les quatre compagnies réunies composaient un bataillon. On organisa, pour le service des transports de l'administration, deux brigades, chacune de trois cents mulets de bât, et deux compagnies de voitures d'équipage, comprenant, l'une, cent vingt-huit voitures à quatre roues, l'autre, le même nombre de voitures à deux roues. On tira les voitures à quatre roues des ateliers du gouvernement; les autres furent construites à Paris, d'après un nouveau modèle. Pour celles-ci on adapta deux crochets à chaque harnachement, de manière que les chevaux de trait pussent au besoin être employés comme bêtes de somme. M. Denniée avait pensé que des voitures à deux roues offriraient de grands avantages dans les terrains sablonneux que l'on s'attendait à rencontrer sur la côte d'Afrique. Les faits ne répondirent qu'imparfaitement à ses conjectures : sur beaucoup de points où les pentes étaient rapides et le sol rocailleux, les voitures à quatre roues auraient été préférables.

L'administration avait formé un matériel proportionné aux besoins que devait éprouver l'armée dans un pays dépourvu de ressources ; il comprenait des tentes pour quarante mille hommes, des caléfacteurs qui exigeaient peu de combustible, des fours en tôle, des lits en fer d'un transport facile, et des baraques qui offraient aux malades des abris commodes : ces baraques étaient formées de fermes de grande dimension, sur lesquelles on jetait des toiles imperméables.

On avait joint à ce matériel une imprimerie, une presse lithographique, des télégraphes de jour et de nuit, et un aérostat dont on ne fit aucun usage.

Il était nécessaire d'avoir des interprètes : plusieurs anciens Mamelucks de la garde impériale, et d'autres individus qui savaient le turc ou l'arabe se présentèrent. Ceux que l'on choisit furent répartis en quatre classes : on affecta deux interprètes à chaque lieutenant-général, et à chaque commandant d'arme, un seul à chaque maréchal-de-camp : on en plaça dix ou douze au quartier-général. Les Maltais furent ceux qui rendirent le plus de service; leur dialecte est presque entièrement semblable à celui que parlent les habitans du littoral de l'Afrique.

M. Deval, neveu de celui qui avait été outragé par Hussein-Pacha, devait suivre l'armée avec le titre de consul de France. On lui adjoignit M. Thierry, qui avait long-temps été agent du gouvernement, tant à Alger qu'à la Calle. La connaissance que M. Thierry avait des lieux et des hommes dans le pays qui allait être le théâtre de la guerre, fut très utile au chef de l'expédition.

Les moyens d'assurer les subsistances de l'armée appelèrent l'attention du ministère. De tous les systèmes que l'on pouvait opposer les uns aux autres, l'entreprise avec concurrence était celui qui avait le plus de faveur dans les Chambres. M. de Bourmont, dans la situation politique où il se trouvait placé, aurait dû lui donner la préférence; l'adjudication publique aurait ôté à l'opposition tout prétexte d'attaque. Il paraît que ce fut la première pensée du ministre. Déjà le directeur de l'administration de la guerre avait été autorisé à recevoir des soumissions; plusieurs capitalistes se présentèrent; mais, au moment où l'on s'attendait à voir fixer le jour de l'adjudication, le général Clouet reçut l'ordre de regarder les soumissions comme non avenues. On avait persuadé à M. de Bourmont qu'une compagnie chargée par le gouvernement de faire des achats, et recevant une rétribution déterminée, offrait plus de garanties qu'une entreprise. On lui avait représenté que plusieurs fois, et particulièrement en 1816, le prix des subsistances s'étant élevé outre mesure, les soumissionnaires avaient cessé d'exécuter les conditions de leur marché, qu'en pareil cas l'abandon du cautionnement n'offrait qu'une faible compensation, que, dans une campagne dont le succès était d'une si grande importance, il serait imprudent de confier à des mains étrangères le soin de l'assurer. On fit valoir des considérations d'une autre nature : le théâtre de la guerre, disait-on, offrira de grandes ressources; l'entreprise seule en profitera, et le gouvernement subira sans terme les conditions d'un marché conclu dans l'hypothèse que tous les approvisionnemens doivent franchir la Méditerranée. On a reconnu plus tard que ce dernier argument n'était pas sans force. Le prix de la ration de viande, tant que les bœufs furent achetés en France, s'élevait à 75 c.; il se réduisit à 9 ou 10 lorsque l'armée fut nourrie avec des bestiaux d'Afrique. Ces différens motifs avaient décidé le ministre en faveur des achats par commission, et déjà le traité était conclu depuis dix jours, lorsque le public et le directeur de l'administration de la guerre en eurent connaissance. Moyennant une remise de deux pour cent accordée à M. Seillière, il s'engageait à pourvoir aux frais d'administration; la valeur des fournitures devant être de 5 à 6 millions, le bénéfice ne pouvait s'élever à plus de 120,000 fr.

On prétendit toutefois que le taux de la commission aurait dû être fixé par une adjudication. Cette manière de procéder, la plus régulière sans doute, aurait privé le gouvernement de la faculté de faire des achats avantageux pendant les dix jours qui précédèrent l'époque où la transaction fut connue. D'après une note insérée dans les journaux pendant le mois de mars, la comparaison de ces achats avec les soumissions les moins élevées fait ressortir, en faveur de l'État, un bénéfice de cinq pour cent. Cet avantage n'aurait point été compensé par une réduction, quelle qu'elle fût, dans le taux si faible déjà de la commission. Quelques mois après, on voulut tenter un autre mode d'approvisionnement; mais bientôt l'administration crut devoir renouveler le traité conclu précédemment avec la compagnie Seillière. Cette discussion peut servir à expliquer le parti que prit M. de Bourmont. Toutefois, nous persistons à croire que la certitude de trouver dans les rangs de l'opposition des censeurs plus que sévères aurait dû lui faire préférer l'entreprise.

L'armée navale s'organisait en même temps que l'armée de terre; elle devait être composée de onze vaisseaux de guerre, de vingt frégates, quatre corvettes, sept corvettes de charge, onze brigs, huit bombardes, neuf gabares et sept bateaux à vapeur. Des préparatifs se faisaient en même temps dans les ports de Toulon, de Brest, de Lorient, de Cherbourg et de Bayonne. La plupart des bâtimens étaient armés en flûte. Le *Tableau* n° 1 fait connaître leurs noms, l'artillerie qu'ils portaient, le port où on les avait armés, l'époque où ils en sortirent, celle où ils entrèrent dans la rade de Toulon.

On décida qu'une flotille de débarquement marcherait avec l'armée navale : le soin de l'organiser fut confié à l'amiral Duperré. Le débarquement s'étant opéré sans obstacle, l'utilité de cette flotille fut loin de répondre aux dépenses qu'elle avait occasionnées; mais, pour cette partie des préparatifs comme pour toutes les autres, on avait dû supposer les chances les plus probables, ou même les moins heureuses.

Le port de Toulon avait été assigné comme

point de réunion à tous les bâtimens de l'État. Ils étaient destinés à recevoir la plus grande partie des troupes, ainsi que tout le matériel de l'artillerie et du génie. Il fallait en outre trois cent quarante-sept navires du commerce pour le transport d'une brigade d'infanterie, de quatre mille chevaux, de leurs cavaliers ou conducteurs, des vivres, des fourrages, du personnel et du matériel de l'administration. Ces navires devaient se rassembler en partie dans le port de Toulon, en partie dans celui de Marseille. On avait exigé d'abord qu'ils fussent nolisés exclusivement dans les ports de France; mais le peu de temps dont on pouvait disposer, et la crainte d'une hausse excessive dans le prix des affrétemens, firent abandonner cette idée; des demandes furent faites à divers ports de l'Italie et de la Grèce; beaucoup d'armateurs se présentèrent, et la hausse fut à peine sensible. L'intérêt que prenaient les Italiens au succès de l'expédition contribua sans doute à augmenter la concurrence. Les marchés furent conclus pour trois mois et pour cinq.

L'amiral Duperré étant arrivé le 10 mars à Paris, des conférences eurent lieu au ministère de la guerre. MM. de Bourmont et d'Haussez s'y trouvaient; l'amiral, les généraux Desprez et Valazé, l'intendant de l'armée de terre, le contre-amiral Mallet nommé major-général de l'armée navale, le capitaine de vaisseau Hugon, et le lieutenant de vaisseau Dubreuil, y furent appelés. Ce dernier avait été chargé, dans l'expédition de Morée, de diriger l'opération du débarquement : la même tâche lui était réservée en Afrique. Le capitaine Hugon devait commander le convoi des bâtimens de commerce; sa bravoure et son habileté avaient été éprouvées dans beaucoup de circonstances, et notamment au combat de Navarin, où les Anglais et les Russes le saluèrent des plus glorieuses acclamations.

Pendant la discussion, l'amiral parut vivement frappé des dangers et des difficultés de l'entreprise. Voici le résumé de son opinion :

L'ordre de commencer les préparatifs avait été donné trop tard pour qu'il fût possible de mettre à la voile avant la fin du mois de juin : vingt-huit jours étaient nécessaires pour le débarquement; l'amiral essayait de le prouver en énumérant tous les objets qu'il fallait mettre à terre; et fixant avec une rigoureuse précision le nombre d'heures nécessaire pour chaque objet, il en concluait que c'était seulement vers le milieu du mois de juillet que l'armée de terre pourrait commencer ses opérations.

Relativement à l'époque où les préparatifs de la marine devaient être terminés, M. d'Haussez répondait que les nouvelles qu'il recevait des ports étaient tous les jours plus rassurantes, et qu'il croyait pouvoir déclarer avec plus de confiance qu'il ne l'avait fait jusqu'alors, que le 15 mai la flotte pourrait sortir de la rade de Toulon. Quant au temps nécessaire pour le débarquement, on opposait à l'opinion de l'amiral une relation du débarquement effectué par les Espagnols en 1775.

Cette pièce, rédigée par M. de Massaredo, qui a laissé un nom si honorable dans la marine espagnole, porte tous les caractères de la vérité. Près de vingt mille hommes et seize pièces de canon avaient été mis à terre en moins de six heures. Ce rapprochement produisit une assez vive impression; mais l'amiral n'en persista pas moins dans l'opinion qu'il avait émise. Le contre-amiral Mallet, homme d'une grande expérience, et qui joint à beaucoup de simplicité et de modestie un mérite très distingué, pensait que dix ou douze jours suffiraient pour le débarquement, dans le cas même où les circonstances seraient peu favorables; mais il mit d'autant plus de réserve dans la discussion, que c'était sur la proposition de l'amiral qu'il avait été appelé à l'emploi de major-général.

En rappelant ces conférences et surtout les dispositions que l'amiral crut devoir prendre dans le cours de la campagne, nous n'avons songé qu'à raconter; c'est aux marins seuls qu'il appartient d'émettre une opinion. Nous apprécions d'ailleurs tout ce qu'une aussi grande responsabilité devait imposer de circonspection.

Dans la Chambre des Pairs, de sinistres prédictions se firent entendre : l'amiral Verhuel connaissait Alger; cette circonstance, la réputation dont il jouit, donnaient de l'autorité à ses paroles, et son opinion parut décisive à un grand nombre de ses collègues. Les hommes les plus sincères, même en exposant des faits, échappent rarement à l'influence de leur situation politique. On en acquit la preuve lorsque l'amiral Verhuel traça le tableau d'Alger et du pays environnant, et qu'il fit l'énumération des ennemis que nous aurions à vaincre.

M. Alexandre de Laborde combattit dans une brochure assez étendue le projet d'expédition. Relativement aux difficultés, il reproduisit tous les argumens qui ont été déjà indiqués : le gouvernement trouva en lui un juge sévère, le dey un apologiste plein de chaleur. Il est juste d'ajouter que les dernières lignes de son écrit exprimaient des vœux pour le succès de nos armes. On retrouva dans ces vœux le cœur français et les sentimens éminemment philanthropiques de M. de Laborde.

On eût dit que le projet que l'on attaquait si vivement n'avait été conçu que par le ministère du 8 août. Cependant Napoléon y avait songé sérieusement à une époque où la guerre avec l'Angleterre aurait opposé à l'exécution des difficultés presque insurmontables. Chargé d'explorer les lieux, le colonel du génie Boutin l'avait fait avec beaucoup de soin et de talent[1]. Le terrain qui borde le littoral à l'est d'Alger lui avait paru présenter, pour un débarquement, des difficultés auxquelles il attribuait l'échec essuyé en 1775 par l'armée espagnole que commandait Oreilly. A cinq lieues vers l'ouest, la côte offre une saillie que sa forme peut faire considérer comme une presqu'île. Une tour construite sur une éminence a fait donner à ce lieu, par les marins espagnols, le nom de *Torre Chica;* les Arabes l'appellent *Sidi-Ferruch*, parce qu'un marabout de ce nom y a été enterré. Deux baies s'étendent, l'une à l'est, l'autre à l'ouest : celle-ci est abritée des vents d'est, qui, pendant les mois de mai, de juin, de juillet et d'août, règnent presque constamment dans ces parages. Des deux côtés la plage est basse, sablonneuse et facilement abordable. Quelques dunes sont les seules inégalités qui puissent

[1] Il était alors capitaine.

protéger des troupes destinées à s'opposer à un débarquement.

Le pays que l'on traverse en allant de Sidi-Ferruch à Alger est, jusqu'à trois lieues de la mer, découvert et peu accidenté; ni les embuscades ni les surprises n'y sont à craindre. On peut, sans beaucoup de difficultés, y construire une route praticable pour les voitures. Un retranchement de mille mètres de développement suffisait pour transformer la presqu'île en une bonne place d'armes. Ces avantages avaient décidé le colonel Boutin à la signaler comme le point le plus favorable pour le débarquement. L'Américain Shaler, dans un ouvrage plein d'intérêt, exprime la même opinion. Leurs écrits avaient porté la conviction dans presque tous les esprits, et, depuis long-temps, il était décidé que si l'expédition avait lieu, les troupes débarqueraient à Sidi-Ferruch.

On s'occupa de recueillir de nouveaux renseignemens. M. Gérardin, qui avait, comme agent de la marine, fait un long séjour au Sénégal, et qui, chargé de négociations avec les habitans de l'intérieur, avait montré beaucoup de résolution et de sagacité, reçut l'ordre de se rendre à Tunis. Les instructions dont il était porteur contenaient une longue série de questions sur les lieux qui devaient être le théâtre des opérations militaires. On lui prescrivait en outre de ne rien négliger pour se mettre en relation avec le bey de Constantine, et pour faire parvenir des proclamations en arabe aux chefs des tribus les plus puissantes de la régence d'Alger : on lui adjoignit M. d'Aubignosc, que le général en chef avait fait comprendre parmi les interprètes de première classe, et qui, à plusieurs époques, avait rempli dans l'Orient des missions délicates.

M. Rimbert, ancien agent des concessions françaises en Afrique, fut désigné par le ministère des affaires étrangères comme capable de donner de précieux renseignemens : il se trouvait alors à Tabarque, sur les confins des États d'Alger et de Tunis. M. Gérardin fut chargé de lui offrir, dans l'armée expéditionnaire, l'emploi d'interprète de première classe.

Avant la fin de mars, plusieurs des régimens d'infanterie qui devaient faire partie de l'armée avaient quitté leurs garnisons; c'était en Provence qu'ils devaient se réunir. On combina les mouvemens de manière que tous les corps fussent cantonnés avant la fin d'avril dans les départemens de Vaucluse, des Bouches-du-Rhône et du Var.

Les officiers-généraux destinés au commandement des divisions et des brigades, reçurent le 25 mars leurs lettres de service : ce furent, pour la première division, le général Berthezène, les maréchaux-de-camp Poret de Morvan, Achard et Clouet.

Pour la seconde, le lieutenant-général Loverdo, les maréchaux-de-camp Denis Damremont, Monck d'Uzer et Colomb d'Arcine.

Pour la troisième, le lieutenant-général duc d'Escars, les maréchaux-de-camp Bertier de Sauvigny, Hurel et Montlivault.

Le général Tholozé fut appelé aux fonctions de sous-chef d'état-major général.

Le général Berthezène est un des officiers généraux les plus expérimentés de l'armée française : plusieurs brillans faits d'armes ont illustré sa carrière.

D'anciens services, des connaissances étendues dans toutes les parties de l'art de la guerre, et surtout les recherches laborieuses qu'il avait faites sur l'expédition, déterminèrent le choix du général Loverdo : ses Mémoires historiques et statistiques sur Alger avaient fixé l'opinion du gouvernement sur plusieurs points importans.

Le duc d'Escars, quoiqu'il n'eût point appartenu à l'ancienne armée, s'y était concilié l'estime générale. Il est impossible d'avoir plus de loyauté, et de remplir plus consciencieusement ses devoirs.

Quelques jours après la nomination des officiers généraux, on détermina l'embrigadement; et ce ne fut qu'au commencement du mois d'avril que fut publiée l'organisation générale de l'armée. Le *Tableau* n° 2 la fera connaître.

Il était sage de prévoir le cas où l'armée expéditionnaire serait considérablement diminuée par des maladies, de fréquens combats ou des accidens imprévus. Le gouvernement le sentit, et la formation d'une division de réserve fut décidée : on en confia le commandement au lieutenant-général vicomte de Fezensac. Elle devait être composée de quatre régimens d'infanterie et d'une batterie montée. Ces corps se réunirent en Provence après le départ de l'armée.

Des renseignemens avaient été envoyés par le commandant de la huitième division militaire sur les ressources qu'offraient, pour le logement des troupes, les communes de la Provence: on s'en servit pour assigner aux différens corps les cantonnemens qu'ils devaient occuper. Les placer suivant leur ordre de bataille, ne pas fouler les habitans, laisser les communes situées sur la route d'Avignon à Toulon disponibles pour les troupes de passage, telles furent les conditions que l'on se proposa de remplir. Le but fut atteint, et la répartition ne donna lieu qu'à peu de réclamations.

Partout nos soldats furent accueillis avec une touchante cordialité; ils ne recevaient point encore de vivres de campagne; les habitans y suppléèrent en leur faisant gratis des distributions de vin. On ne sait qu'imparfaitement, dans le nord de la France, avec quel intérêt les habitans de nos contrées méridionales voyaient les préparatifs de l'expédition. Chez les uns, l'exaltation religieuse qui a enfanté les croisades n'est point encore éteinte; la haine des autres contre les Barbaresques avait été ranimée par les entraves que le commerce éprouvait depuis trois ans. On pensait qu'un établissement sur la côte d'Afrique offrirait de précieux avantages. La perte de l'Égypte, celle des concessions africaines, avaient causé de vifs regrets. Le moment de réparer ces pertes semblait venu; jamais les ports de la Provence n'avaient vu se déployer un appareil plus imposant. Avec les besoins, la civilisation avait multiplié les moyens de les satisfaire : on avait pourvu à tout avec une sorte de profusion.

Toulon, Marseille et Aix furent désignés comme les points centraux des cantonnemens que devaient occuper les trois divisions d'infanterie. On affecta la caserne de cavalerie de Tarascon au régiment des chasseurs d'Afrique. Les détachemens de gendarmerie, appelés de l'intérieur, reçurent l'ordre de se diriger vers Carpentras. Des dix batteries non montées, huit furent cantonnées à la Cadière, à Cassis et dans le pays environnant. On appela les deux autres à Toulon et à Marseille, pour les employer aux travaux de l'embarquement.

Les batteries montées devaient n'arriver qu'à la fin d'avril. On décida qu'elles seraient cantonnées à Hières, à Lavalette et dans les Solliés. Arles fut assigné aux compagnies du génie. Des emplacemens favorables pour leurs exercices y avaient été reconnus par le général Valazé. On y fit des gabions. Le colonel Boutin avait affirmé que pour cet objet important on ne trouverait pas de bois convenable dans les environs d'Alger. On reconnut plus tard que l'assertion était inexacte. Ces gabions, construits et transportés à grands frais, étaient presque hors de service lorsque l'on commença le siége; heureusement, il fut facile d'y suppléer.

Trois compagnies du train des parcs furent dirigées vers Arles et Saint-Remi. On envoya la quatrième à Toulon, où elle servit à transporter les objets les plus lourds du matériel de l'artillerie, sur les points où ils devaient être embarqués. Les deux brigades de mulets de bât s'organisaient à Valence sous la direction du sous-intendant Fontenai. Elles devaient n'arriver à Toulon qu'à l'époque de l'embarquement.

Il en était de même des compagnies de voitures des équipages militaires. Les derniers détachemens tant de cette partie du matériel de l'administration que des compagnies d'ouvriers qui s'organisaient à Castres n'arrivèrent à leur destination que lorsque déjà l'armée était à bord.

L'amiral Duperré attachait une grande importance à la formation de la flottille de débarquement. Avant qu'il quittât Paris, des ordres furent expédiés pour que l'on affrétât tant dans les ports français de la Méditerranée que dans celui de Barcelone, les petits bâtimens qui paraîtraient les plus propres à l'objet qu'on se proposait, et pour que l'on construisît à Toulon quarante chalans. Ces embarcations ont une forme particulière : chargées de bouches à feu, d'hommes ou de chevaux, elles devaient tirer à peine dix-huit pouces d'eau.

Il existait à Cette, à Marseille et dans d'autres ports du midi de la France de petits bâtimens propres au cabotage. Ils étaient connus sous le nom de *bateaux-bœufs*. Soixante de ces bâtimens furent affrétés par la marine. Afin qu'ils pussent traverser la mer sans danger pour les équipages et pour les chargemens, on les fit ponter. La marine nolisa d'autres bâtimens dont les dimensions étaient moindres encore. On les nommait *bateaux de l'île*. Les barques catalanes avaient paru devoir être employées avec succès. On en demanda au commerce de Barcelone; mais cette démarche n'eut point de résultat; soit que les armateurs en imposant des conditions onéreuses ne fissent que céder à leur cupidité, soit que le cabinet de Madrid n'envisageât point sans quelque chagrin le succès d'une expédition dans laquelle plusieurs souverains d'Espagne avaient échoué, la Péninsule montra des dispositions moins favorables que les différens États de l'Italie.

Depuis trois ans qu'une escadre française bloquait Alger, on avait négligé de sonder les deux baies de Sidi-Ferruch. L'amiral ordonna qu'un habile officier de marine partît de Toulon avec des bâtimens légers pour exécuter ce travail.

Quelques autres objets appelèrent son attention; il était à ses yeux d'une haute importance que les bâtimens de l'armée navale pussent relâcher dans les ports d'Espagne et surtout dans la baie de Palma, située à peu près à égale distance des côtes de France et d'Afrique. M. de Polignac fit pour cet objet de vives instances auprès du ministère de Ferdinand. Il exprima en même temps le désir que des édifices assez vastes pour qu'on pût y établir un hôpital de deux mille malades fussent mis à la disposition de l'armée française, dans le lazareth de Mahon.

Les dispositions qui viennent d'être indiquées furent prises pendant le séjour de l'amiral à Paris. A la fin de mars, il quitta cette ville pour aller surveiller lui-même l'exécution des ordres qu'il avait donnés. Avant de se rendre à sa destination, il inspecta les travaux du port de Marseille. Arrivé à Toulon, il s'occupa des préparatifs de l'expédition avec un zèle infatigable. Déjà plusieurs chalans avaient été construits. Il en modifia la forme; chacun d'eux avait assez de capacité pour porter cent soixante hommes ou seize chevaux. Ceux qui étaient destinés à l'artillerie pouvaient recevoir deux pièces de campagne avec leurs affûts, ou sept pièces de siége démontées. La nouvelle forme de nos affûts rendait l'embarquement plus facile qu'on ne l'avait supposé. Quelques minutes suffisaient pour cette opération ainsi que pour le débarquement. On donnait une grande mobilité aux pièces de siége en rendant, à l'aide de bourrelets en bois, le diamètre de la volée égal à celui de la culasse.

En même temps qu'il s'occupait de ces détails, l'amiral Duperré songeait à donner une organisation aux forces navales qui allaient se trouver sous ses ordres. Cette organisation fut arrêtée de la manière suivante : les bâtimens de l'État formèrent trois escadres.

La première était composée de presque tous les bâtimens armés en guerre. On la nomma *escadre de bataille*.

La seconde, qui portait le nom d'*escadre de débarquement*, comprenait la presque totalité des bâtimens armés en flûte.

La troisième escadre était presque entièrement formée de bâtimens légers. On lui donna le nom d'*escadre de réserve*.

L'escadre de bataille était destinée principalement à diriger ses feux contre les batteries construites près des points de débarquement. Elle devait transporter la deuxième division d'infanterie.

L'escadre de débarquement était destinée à recevoir la première division, qui devait atteindre le rivage avant les deux autres.

Les bâtimens de l'escadre de réserve et quelques transports furent assignés aux deux premières brigades de la troisième division.

On donna le nom de *convoi* aux navires du commerce répartis en trois sections. La troisième brigade de la troisième division devait s'embarquer sur trente de ces navires. Deux cents autres étaient destinés à tous les chevaux de l'armée, aux cavaliers et conducteurs. Le nombre des chevaux placés sur chaque bâtiment était de vingt, terme moyen. L'approvisionnement en fourrage et en eau devait suffire aux besoins d'un mois.

La nécessité de presser le foin donna lieu à une des plus grandes difficultés qu'on ait eu à vaincre. Les presses hydrauliques qui avaient été envoyées à Marseille pour l'expédition de Morée, soit qu'elles fussent défectueuses, soit que les employés ne sussent pas les mettre en œuvre, furent presque inutiles. On chargea la compagnie Seillière d'en faire acheter d'autres en Angleterre. Un temps considérable devait s'écouler avant qu'elles fussent transportées à Toulon; il fallut avoir recours à des presses mécaniques. Les moulins à l'huile dont on se servait éprouvaient de fréquentes avaries. Ainsi, outre que les résultats ne s'obtenaient qu'avec lenteur, les frais étaient assez considérables pour doubler le prix du foin.

Cent cinq navires du convoi furent mis à la disposition de l'administration pour le transport de son matériel, d'un approvisionnement de fourrage pour trente jours et quatre mille chevaux, de vivres pour quarante-cinq jours et quarante mille hommes ou parties prenantes.

Une quantité de vivres suffisante pour nourrir l'armée pendant quinze jours devait être placée sur les bateaux-bœufs. Il était nécessaire que cette partie du matériel fût débarquée presqu'en même temps que les troupes.

La flottille avait pour objet de mettre à terre tout le personnel et le matériel en beaucoup moins de temps que ne l'auraient fait les seules chaloupes des bâtimens de guerre. Les bateaux-bœufs et les bateaux de l'île pouvaient, à l'aide de leurs voiles, franchir la Méditerranée; mais la construction des chalans s'opposant à ce qu'ils pussent tenir la mer, on avait résolu de les transporter sur les vaisseaux et les frégates. Les bâtimens de la flottille et les chaloupes réunies pouvaient recevoir les troupes de deux divisions.

La composition des trois escadres et celle du convoi étant déterminées, il fallait arrêter la répartition sur les bâtimens, du personnel et du matériel; l'amiral s'occupa de ce travail, de concert avec le chef d'état-major de l'armée de terre : on se proposa de morceler le moins possible les unités de force militaire, et de leur assigner dans la flotte un ordre correspondant à leur ordre de bataille.

Le *Tableau* suivant indique la composition des escadres, le nombre d'hommes embarqués sur chacune d'elles, la composition des trois sections du convoi et celle de la flottille.

Escadre de bataille.

La Provence, vaisseau.
La Pallas, frégate.
L'Iphigénie, *idem.*
Le Breslaw, vaisseau.
La Surveillante, frégate.
La Didon, *idem.*
Le Trident, vaisseau.
La Guerrière, frégate.
L'Herminie, *idem.*
La Melpomène, *idem.*
L'Amphitrite, frégate.
La Vénus, *idem.*
La Belle Gabrielle, *idem.*
La Magicienne, *idem*, armée en flûte.
La Médée, *idem* en flûte.
La Proserpine, *idem* en flûte.
L'Aréthuse, *idem* en flûte.
L'Alerte, brig.
L'Alacrity, *idem.*

Portant ensemble 10,068 hommes. (Quartier-général, deuxième division d'infanterie et 447 canonniers.)

Escadre de débarquement.

Le Superbe, vaisseau armé en flûte.
Le Duquesne, *idem.*
L'Algésiras, *idem.*
La Ville de Marseille, *idem.*
La Couronne, *idem.*
La Marie-Thérèse, frégate.
Le Scipion, vaisseau armé en flûte.
La Jeanne-d'Arc, frégate.
L'Artémise, *idem.*
Le Marengo, vaisseau armé en flûte.
La Thétis, frégate armée en flûte.
La Thémis, *idem.*
La Cybèle, *idem.*
Le Ducouédic, brig.
L'Orithye, corvette-aviso.
Le Hussard, brig.
La Caravane, corv. de charge.

Portant ensemble 10,234 hommes. (Première division d'infanterie, 295 canonniers, 355 sapeurs, et toute l'artillerie de campagne.)

Escadre de réserve.

Le Nestor, vaisseau.	L'Hécla, bombarde.
La Créole, corvette.	Le Vulcain, *idem*.
Le Voltigeur, brig.	Le Cyclope, *idem*.
Le d'Assas, *idem*.	Le Finistère, *idem*.
La Victorieuse, corvette.	La Dore, *idem*.
La Cornélie, *idem*.	Le Robuste, gabare.
Le Griffon, brig.	La Vigogne, *idem*.
L'Endymion, *idem*.	Le Chameau, *idem*.
Le Dragon, *idem*.	Le Bayonnais, *idem*.
Le Libyo, corvette de charge.	L'Astrolabe, *idem*.
La Bonite, *idem*.	La Truite, *idem*.
L'Adour, *idem*.	La Garonne, *idem*.
Le Tarn, *idem*.	Le Lézard, brig.
Le Rhône, *idem*.	Le Marsouin, *idem*.
Le Vésuve, bombarde.	Le Faune, *idem*.
Le Volcan, *idem*.	Le Zèbre, *idem*.
L'Achéron, *idem*.	

Portant ensemble 6592 hommes de la troisième division d'infanterie.

Tout le matériel de l'artillerie de siége et de campagne, et une partie de celui du génie, étaient embarqués sur les trois escadres.

Convoi.

Douze bâtimens légers, qui n'appartenaient à aucune des escadres, devaient escorter le convoi.

La première section comprenait 55 bâtimens destinés à recevoir 4465 hommes de la troisième division, deux des compagnies d'ouvriers, 200 chevaux, des vivres et des fourrages pour dix jours, et le matériel d'administration et du génie dont le besoin devait se faire sentir aussitôt après le débarquement.

La deuxième section comptait 150 bâtimens; elle devait transporter en Afrique 1839 chevaux, des vivres et des subsistances pour quarante jours, une partie du personnel et du matériel de l'administration, les blockhaus et les palissades.

On devait embarquer sur la troisième section, composée de 142 bâtimens, 1735 chevaux, et tout le matériel d'administration dont on prévoyait n'avoir à faire usage que plusieurs jours après le débarquement des troupes.

Flottille de débarquement.

La flottille se composait de 60 bateaux-bœufs, de 40 bateaux de l'île, de 55 chalans, de 40 grandes chaloupes, de 35 petites; 7 bateaux à vapeur devaient aussi être employés pour le débarquement.[1]

Nombre d'hommes que pouvait recevoir chaque bâtiment de la flottille.

Un bateau-bœuf.	150 hommes.
Un bateau de l'île.	130
Un chalan.	150
Une grande chaloupe.	120
Une petite.	40
Un bateau à vapeur.	300

Les bateaux-bœufs étaient de plus chargés d'un approvisionnement de dix jours pour toute l'armée.

Des ordres du jour firent connaître à l'armée navale les dispositions qui avaient été arrêtées pour le débarquement. Les difficultés de cette

[1] Les *Annales maritimes et coloniales* font mention, en outre, de 30 bateaux plats ou radeaux.

opération ayant été beaucoup moindres qu'on ne l'avait supposé, on n'exécuta presque rien de ce qui avait été prescrit.

M. de Bourmont, ainsi qu'on l'avait prévu, avait été appelé au commandement de l'armée. Il arriva le 20 avril à Toulon. Une parfaite harmonie semblait régner entre les chefs des deux armées ; les préparatifs marchaient rapidement et déjà presque tous les bâtimens de l'Océan se trouvaient réunis dans la rade. L'amiral, dont le langage était devenu plus rassurant, espérait que vers le 15 mai on pourrait mettre à la voile. Il était à craindre qu'à cette époque un vaisseau de guerre et deux frégates armés dans les ports de l'Océan ne fussent point encore arrivés. M. de Bourmont pensait que ce n'était point un obstacle à ce que l'on mît à la voile, et que deux ou trois mille hommes pouvaient sans inconvénient partir quelques jours après l'armée.

Les bâtimens légers que l'on avait envoyés pour explorer la côte d'Afrique étaient de retour avant la fin d'avril; ils apportèrent des renseignemens favorables. Le mouillage était bon dans les deux baies, et surtout dans la baie occidentale. Les vaisseaux de guerre pouvaient s'approcher du rivage jusqu'à demi-portée de canon. Soutenu par leur feu, le débarquement semblait devoir s'opérer sans beaucoup de difficultés.

Nous connûmes avant la fin d'avril le résultat des négociations entamées avec le gouvernement espagnol. Après une assez longue hésitation, tout ce que demandait la France avait été accordé. La baie de Palma et les ports de la Péninsule étaient ouverts à nos bâtimens. On autorisait l'administration française à établir des hôpitaux au lazareth de Mahon, et à faire des achats de toute espèce dans les États de S. M. C. Une seule condition avait été imposée par le cabinet de Madrid. On demandait que dans le cas où un traité terminerait la guerre, il y fût stipulé que les relations de l'Espagne avec la Régence seraient maintenues sur le même pied qu'auparavant. Le gouvernement français n'avait pas hésité à prendre un engagement qu'il semblait facile de remplir. Quant à la faculté d'opérer des achats dans la Péninsule, elle n'eut que peu d'importance. Le prix des vivres et des fourrages y était généralement plus élevé qu'en France.

La corvette *la Bayonnaise*, qui avait conduit à Tunis M. de Gérardin, fut de retour à Toulon au commencement du mois de mai. MM. d'Aubignosc et Rimbert étaient à bord de ce bâtiment. Des renseignemens donnés par M. de Lesseps, consul à Tunis, décidèrent le général en chef à envoyer dans cette ville un agent de la compagnie Seillière: M. Rimbert partit en même temps.

Une notice sur la Régence avait été rédigée au dépôt de la guerre, et imprimée par ordre du ministre. On en distribua dans l'armée un grand nombre d'exemplaires. Des plans d'Alger, du pays environnant et des forts étaient joints à cet écrit, où nous trouvâmes d'utiles renseignemens. Des vocabulaires arabes et turcs furent aussi distribués aux troupes, pendant le mois qui précéda le départ. On fit imprimer plusieurs instructions que la position dans laquelle allait se trouver l'armée semblait devoir rendre nécessaires : l'une était relative au campement, l'autre au service des troupes pendant les siéges. Enfin une troisième instruction, qui fut mise à l'ordre, indiquait les précautions à prendre en Afrique pour le maintien de la santé des hommes. Elle avait été rédigée d'après les observations de MM. Desgenettes et Larrey. L'expérience qu'ils avaient acquise pendant la campagne d'Égypte donnait beaucoup de poids à leur opinion.

M. de Bourmont décida en outre qu'un conseil de santé serait chargé pendant la campagne d'indiquer les nouvelles précautions que l'expérience et l'étude du climat auraient révélées, de se concerter avec l'intendance de santé de Marseille sur la quarantaine qu'auraient à subir les provenances d'Alger, enfin de délivrer des patentes aux individus de l'armée qui seraient autorisés à retourner en France. On pensa que si des membres de l'intendance de santé faisaient partie du conseil, les rapports et les avis de ce conseil inspireraient plus de confiance et auraient plus d'autorité ; deux négocians de Marseille, MM. Parey et Beaussier, déclarèrent qu'ils étaient prêts à suivre l'armée en Afrique, sans qu'aucun traitement leur fût alloué. On accepta leurs offres avec la reconnaissance que devait inspirer un dévouement aussi désintéressé.

Des militaires appartenant aux corps qui faisaient partie de l'armée étaient restés en arrière. D'autres se trouvaient dans les hôpitaux ; quelques uns étaient convalescens, mais trop faibles pour entrer en campagne. Un dépôt fut destiné à recevoir ces hommes, et on en confia la direction au sous-intendant chargé du service de la place de Toulon. Des dispositions furent prises pour qu'après avoir réuni en détachemens les soldats valides de ce dépôt, on les fît partir sur les bâtimens de l'État qui devaient, après le départ de l'armée, faire voile vers l'Afrique.

L'époque de l'embarquement approchait. Le

dauphin voulut se présenter aux troupes avant leur départ. Depuis le 30 avril, elles étaient réunies dans leurs cantonnemens. On les faisait manœuvrer fréquemment; le général en chef avait surtout prescrit qu'on les exerçât aux dispositions à prendre contre la cavalerie.

Le prince arriva le 2 mai à Marseille et y passa en revue la deuxième division; le 3, il partit pour Toulon. On le fit assister le lendemain à un simulacre de débarquement. La promptitude avec laquelle les pièces de campagne étaient débarquées et mises en batterie, parut l'étonner plus que tout le reste.

L'infanterie et l'artillerie couvrirent leur front et leurs flancs de lances assemblées trois à trois. Le général Valazé avait pensé que ce moyen de défense offrirait de grands avantages dans un pays où l'on s'attendait à être attaqué par une cavalerie nombreuse. Six mille de ces lances étaient comprises dans le matériel du génie. En Afrique, on ne s'en servit que peu de jours. Les baïonnettes et le feu de notre infanterie suffisaient pour repousser les cavaliers arabes.

Un canot transporta le dauphin sur le vaisseau amiral. Les bâtimens pavoisés, les vergues couvertes de matelots, offraient un magnifique spectacle; une grande partie de la population des départemens du Var et des Bouches-du-

Rhône était réunie sur les hauteurs qui environnent la rade. La pureté du ciel ajoutait encore à l'éclat du tableau. Habitans et soldats, tous formaient les mêmes voeux, tous concevaient les mêmes espérances.

Le 5 de bonne heure, le prince passa en revue la première division sur les glacis de la place, et il partit pour Aix immédiatement après. Le lendemain à la pointe du jour toutes les troupes de la troisième division et les compagnies du génie, qui avaient reçu l'ordre de quitter Arles, étaient rassemblées dans une vaste plaine située à deux lieues de cette ville sur la route d'Avignon. Après avoir paru au milieu d'elles, le dauphin poursuivit sa route vers Paris. Dans toute la Provence, il avait été reçu avec de vives acclamations. Cependant, dès-lors on entendait gronder au loin la tempête dans laquelle lui et sa famille devaient disparaître. Trois mois après, cette famille, tombée du faîte des grandeurs, n'aspirait plus qu'à traverser au milieu d'un morne silence l'espace qui la séparait du point fixé pour son embarquement.

Il partit avec la conviction que le 15 mai l'armée navale mettrait à la voile. L'armée de terre était prête à s'embarquer, et celui qui la commandait faisait de vives instances pour que, dès le 10, la première division fût à bord des bâtimens qui devaient la recevoir, et pour que les deux autres divisions s'embarquassent le 11 et le 12. L'amiral consentit à ce que l'embarquement de la première division commençât le 11, mais il demanda que celui de la deuxième et de la troisième n'eût lieu que le 13 et les jours suivans.

Le 10, la proclamation suivante fut adressée aux troupes.

« Soldats,

« L'insulte faite au pavillon français vous appelle au-delà des mers : c'est pour le venger que vous avez couru aux armes, et qu'au signal donné du haut du trône, beaucoup de vous ont quitté le foyer paternel.

« Déjà les étendards français ont flotté sur la plage africaine ; la chaleur du climat, la fatigue des marches, les privations du désert, rien ne put ébranler ceux qui vous y ont devancés : leur courage tranquille a suffi pour repousser les attaques tumultueuses d'une cavalerie brave mais indisciplinée. Vous suivrez leurs glorieux exemples.

« Soldats, les nations civilisées des deux mondes ont les yeux fixés sur vous ; leurs vœux vous accompagnent. La cause de la France est celle de l'humanité : montrez-vous dignes de cette noble mission. Qu'aucun excès ne ternisse l'éclat de vos exploits : terribles dans le combat, soyez justes et humains après la victoire; votre intérêt le commande autant que le devoir. Longtemps opprimé par une milice avide et cruelle, l'Arabe verra en vous des libérateurs; il implorera notre alliance. Rassuré par votre bonne foi, il apportera dans nos camps le produit de son sol. C'est ainsi que, rendant la guerre moins longue et moins sanglante, vous remplirez les vœux d'un prince aussi avare du sang de ses sujets que jaloux de l'honneur de la France.

« Soldats, un prince auguste vient de parcourir vos rangs; il a voulu se convaincre lui-même que rien n'avait été négligé pour assurer vos succès et pourvoir à vos besoins. Sa constante sollicitude vous suivra dans les contrées inhospitalières où vous allez combattre. Vous vous en rendrez dignes en observant cette discipline sévère qui valut à l'armée qu'il conduisit à la victoire l'estime de l'Espagne et celle de l'Europe entière. »

Des ordres de mouvement avaient été expédiés aux troupes. Le 10, la première division s'ébranla, et le lendemain elle était réunie autour de Toulon, avec quelques détachemens de troupes d'artillerie et du génie. Une forte brise avait soulevé la mer avec assez de violence pour que l'amiral crût devoir faire suspendre l'embarquement. A six heures du matin, le temps étant devenu plus calme, l'ordre de commencer l'opération fut donné. En s'embarquant, les troupes firent éclater la plus vive allégresse. Celle des soldats était d'autant plus touchante qu'aucune vue ambitieuse ne la faisait naître.

A une heure après midi, le vent ayant de nouveau soufflé avec force, l'amiral fit différer jusqu'au lendemain l'embarquement de la troisième brigade. Les établissemens publics et les maisons particulières étaient encombrés, et il fallut que cette brigade bivouaquât pendant une nuit pluvieuse : elle était à bord le 12 à sept heures du matin.

Le même jour on embarqua huit cents chevaux. Cette opération continua les jours suivans. L'intendant fit partir, dès le 12, le personnel et le matériel de l'hôpital que l'on devait établir à Mahon.

Le 13, à la pointe du jour, la deuxième division avait fait son mouvement, et se trouvait rassemblée sur les glacis de la place de Toulon. Le temps était affreux, et lorsque les soldats s'embarquèrent, leurs vêtemens étaient chargés de pluie. On pouvait craindre qu'une chaleur humide se développant à bord, n'occasionnât de nombreuses maladies. Il n'en fut point ainsi : la santé des hommes ne fut point altérée. On supposa que le malaise qu'ils éprouvaient en mer avait produit une heureuse diversion.

La troisième division devait être transportée à bord le 14 : l'amiral demanda qu'elle ne le fût que le 16. Quoique le 14 et le 15 beaucoup de moyens fussent disponibles pour l'embarquement des chevaux, cette opération se fit avec lenteur. Nous sûmes quelques jours après pourquoi il avait paru inutile d'y mettre plus d'activité : on avait craint qu'accumulés dans les baies de Sidi-Ferruch, les bâtimens de l'armée navale ne fussent exposés à beaucoup d'avaries. Des câbles en fer avaient paru le plus sûr moyen de les en garantir. Un navire chargé de ces câbles était parti de Portsmouth, mais des vents contraires avaient retardé sa marche. Plusieurs marins pensaient que jamais le temps n'avait été plus précieux, et qu'il y avait plus d'inconvénient à suspendre le départ de quelques jours qu'à mouiller sur la côte d'Afrique avec des câbles ordinaires.

L'embarquement des chevaux ne fut terminé que le 17. Le même jour, un bataillon du 34e passa, de la première section du convoi, à bord du *Nestor*, qui venait d'arriver de Brest ; enfin, ce ne fut que le 18 que l'état-major de l'armée navale se rendit sur la *Provence* avec le général en chef de l'armée de terre, les généraux Desprez, Valazé et La Hitte, et l'intendant en chef Denniée. Les trois escadres auraient pu appareiller le même jour; il n'y eut d'ordre donné que pour la flottille de débarquement : elle mit à la voile, et se dirigea vers Palma, où elle devait attendre de nouvelles instructions. Dans l'après-midi du 19, la direction et la force du vent auraient encore permis de sortir de la rade, mais l'obstacle que nous avons indiqué subsistait encore; on attendait les câbles en fer. Le 20, à la pointe du jour, tous les commandans des bâtimens de guerre se réunirent chez l'amiral, qui crut devoir leur expliquer de vive voix les instructions qu'il avait données par écrit.

Bientôt un changement s'opéra dans l'atmosphère; il n'y eut plus que des brises faibles dont la direction suivait le mouvement du soleil; chaque soir elles fraîchissaient. Des bâtimens isolés auraient pu gagner la mer en louvoyant; mais la rade était trop encombrée pour qu'on pût y manœuvrer.

Le 22, le vent parut se fixer au sud-est; sa force et sa direction opposaient au départ plus d'obstacles encore que le calme des jours précédens. Les câbles en fer étaient enfin arrivés.

Ce fut vers la fin de cette période d'inaction

que l'on apprit que MM. de Chabrol et Courvoisier avaient quitté le ministère, et que M. Peyronnet y était appelé. Cet événement causa une tristesse profonde : beaucoup d'officiers généraux en prévirent les conséquences ; et, parmi ceux qui étaient embarqués avec le général en chef, aucun ne lui cacha son opinion : il parut lui-même fort inquiet sur l'avenir.

Le 25, le vent changea brusquement de direction ; à onze heures du matin, il soufflait du nord-ouest avec assez de force. Deux heures après, l'ordre d'appareiller fut donné à la première section du convoi : elle était composée de 55 navires dont le chargement a été indiqué plus haut. Les deux autres sections du convoi, qui mouillaient sous les îles d'Hyères, devaient, le 26 et le 27, se diriger vers la baie de Palma.

A trois heures, les bâtimens des escadres déployèrent leurs voiles, et, deux heures après, tous étaient au large. Pendant la nuit suivante, la nécessité de se rallier et de mettre de l'ordre dans les différentes parties de l'armée navale rendit la marche extrêmement lente. Le 26 au matin, tous les bâtimens de guerre se trouvaient dans les positions respectives qui leur avaient été assignées.

La Provence marchait en tête de l'escadre de bataille; à droite de cette escadre s'avançait sur deux colonnes parallèles les escadres de débarquement et de réserve. La première section du convoi faisait voile à gauche de l'escadre de bataille : quelques bâtimens de guerre lui servaient d'escorte.

Le vent continuait de souffler du nord-ouest. On avait, au lever du soleil, signalé vers l'est deux frégates qui venaient du sud; l'une portait le pavillon français, l'autre le pavillon turc. Le vaisseau amiral leur fit des signaux, et bientôt elles manœuvrèrent pour se rapprocher de la flotte. Un bateau à vapeur fut envoyé audevant d'elles pour prendre les dépêches dont on supposait que le commandant du bâtiment français était porteur. Cet officier se rendit à bord de *la Provence.* L'amiral apprit de lui que la frégate française qui était en vue (*la Duchesse de Berry*) avait quitté, le 21 mai, la station d'Afrique pour faire voile avec la frégate turque. Tahir-Pacha, qui se trouvait à bord de ce dernier bâtiment, avait reçu du grand-seigneur l'ordre de faire voile vers Alger, pour décider le dey à demander la paix. Le blocus ne lui ayant pas permis de pénétrer dans le port, il avait manifesté le désir de se rendre à Toulon, dans l'espoir de faire accepter la médiation de son souverain par le gouvernement français. Un officier de la marine française fut envoyé à bord de Tahir-Pacha pour le complimenter, et lui proposer de passer au bord de l'amiral; le Turc accepta sans la moindre hésitation, et un canot le conduisit sur *la Provence*. Il paraissait âgé de soixante ans environ; ses traits étaient nobles et réguliers, ses vêtemens d'une grande richesse. Deux drogmans juifs l'accompagnaient. Cependant, la facilité avec laquelle il parlait la langue italienne rendait cette précaution à peu près inutile. Il prit du café, et après avoir passé près d'une heure au milieu des troupes françaises, il retourna sur sa frégate, et fit voile vers Toulon. Au moment où les deux frégates s'étaient éloignées de la côte d'Afrique, on avait appris que deux brigs français, *l'Aventure* et *le Silène*, avaient échoué à l'est du cap Matifoux.

La mer devint houleuse dans l'après-midi du 26; le lendemain, le vent soufflait du nord. La marche fut plus rapide que les jours précédens, et à l'approche de la nuit, l'armée navale était à quarante-sept lieues marines de Toulon. La brise fraîchit après le coucher du soleil; sa direction alors était nord-ouest. Le 28, on craignit un coup de vent; déjà les cinquante-cinq bâtimens de la première section du convoi avaient cessé de marcher réunis. L'ordre fut donné au capitaine Hugon, qui les commandait, de faire voile vers la baie de Palma, d'y mouiller, et d'attendre qu'on lui prescrivît de continuer sa route vers la côte d'Afrique. On manœuvra pour se rapprocher de l'île de Mayorque. Bientôt la brise devint moins forte, la mer plus calme : le vent passa au nord-est. L'amiral, décidé à ne pas relâcher, révoqua l'ordre qu'il avait donné au capitaine Hugon, et la première section du convoi, qui n'était encore qu'à une petite distance des escadres, changea de direction, et suivit leur marche. Le vent, dans la soirée du 28, tomba presque entièrement, et, pendant la nuit suivante, on fit peu de chemin. Le 29 mai, on signala le brig *le Rusé*, venant du sud : à une heure du matin, l'officier qui le commandait monta sur *la Provence*; il s'était séparé de la station le 26 mai. Aucun préparatif de défense n'avait été fait sur la côte. L'amiral reçut des renseignemens détaillés sur la perte des deux brigs français. La force totale de leurs équipages s'élevait à deux cent vingt hommes. Tous étaient parvenus à gagner la terre : ils avaient des armes, mais leurs munitions étaient en partie avariées. Leur projet fut d'abord de se porter vers Alger, et de se constituer prisonniers; mais à peine étaient-ils en marche, que des nuées d'Arabes les assaillirent. Toute résistance ayant paru inutile, ils déposèrent les armes, et furent répartis entre les différentes tribus qui s'étaient réunies pour les attaquer. Bientôt un brig français s'approcha de la côte pour prêter secours aux naufragés. Cette circonstance excita la fureur des Arabes : le plus grand nombre des marins fut massacré, et le lendemain cent dix têtes furent exposées sur les murs d'Alger. Le dey reçut en même temps la nouvelle de ce qui s'était passé. Aussitôt un détachement de la milice turque se porta vers le cap Matifoux, et quatre-vingt-dix Français furent remis aux janissaires, parmi lesquels se trouvèrent quelques hommes généreux et compatissans. Les commandans des deux brigs avaient échappé au massacre : le dey les fit traiter avec plus d'égards qu'ils ne s'y étaient attendus. On leur offrit de se séparer de leurs camarades ; ils le refusèrent : tous deux étaient des officiers d'une grande distinction. Le public lut avec le plus vif intérêt la relation que l'un d'eux, M. d'Assigny, adressa au commandant de la croisière.

L'active intervention du consul de Sardaigne contribua puissamment à la modération que montra le dey dans cette circonstance.

Un Turc, nommé *Omer Coggia*, se distingua parmi les hommes de sa nation qui s'intéressèrent au sort de nos compatriotes.

Cependant, l'armée navale poursuivait son

mouvement vers la côte d'Afrique. Durant la journée du 29, le temps fut constamment beau. A dix heures du matin, un brig se dirigea vers la baie de Palma pour porter à la flottille l'ordre de faire voile vers la pointe de Sidi-Ferruch. Le vent, après midi, passa du nord-est à l'est-nord-est : la température était plus élevée que les jours précédens. D'abord très faible, la brise devint assez forte pour que la vitesse moyenne fût de quatre nœuds, c'est-à-dire de quatre milles marins par heure.

Pendant la nuit du 29, *la Provence*, quoiqu'elle eût peu de voiles, continua de marcher avec la même vitesse. Le 30, à six heures du matin, elle n'était qu'à soixante-cinq milles de la côte d'Afrique : à midi, la terre fut signalée. La brise était devenue plus forte; en continuant de faire voile vers le sud, on se serait trouvé près de la côte pendant la nuit suivante. L'amiral donna l'ordre de gouverner à l'ouest : on suivit cette direction depuis midi jusqu'à cinq heures. *La Provence* fit voile ensuite vers le nord, et, après une contre-marche de trois heures, on mit le cap sur Alger.

A huit heures du soir, le brig que l'on avait envoyé dans la baie de Palma apporta la nouvelle que le 29, au moment de son départ, la flottille appareillait. On communiqua en même temps avec la frégate *la Syrène*, qui avait quitté la station pour reconnaître l'armée navale.

Le 31 mai, à la pointe du jour, on aperçut le cap *Caxine*, qui se trouve à l'ouest d'Alger. La brise était fraîche et soufflait de l'est-sud-est. On pouvait espérer que près de la côte, et surtout dans la baie occidentale de Sidi-Ferruch, la mer serait beaucoup plus calme qu'au large. Telle était l'opinion de quelques marins ; mais le chef de l'armée navale croyait le vent trop fort pour que l'on pût, sans imprudence, tenter le débarquement. La flottille n'ayant point été signalée, il supposa qu'elle était rentrée dans la baie de Palma pour échapper au danger d'une tempête, et il ordonna pendant la nuit que l'on fît route droit au nord. La force et la direction du vent rendirent la marche extrêmement rapide, et le 1er juin, à six heures du matin, on était aussi près de l'île de Mayorque que de la côte d'Afrique. Ce fut alors seulement que M. de Bourmont sut que la flotte allait relâcher dans la baie de Palma, y rallier les trois sections du convoi ainsi que la flottille, et attendre un temps favorable pour se rapprocher d'Alger.

Le général de l'armée de terre fit quelques observations. Il parut craindre que la flotte ne fût retenue long-temps par des vents contraires, et surtout par des calmes, dans la baie de Palma ; mais il ne protesta point d'une manière formelle contre la résolution qui avait été prise. Cette résolution était déterminée par des circonstances dont l'amiral lui seul paraissait devoir être juge, et M. de Bourmont aurait encouru le blâme, en usant alors des pouvoirs qui lui avaient été conférés ; une ordonnance royale l'autorisait à prendre le commandement de l'armée navale, si l'intérêt de l'État lui semblait l'exiger. Il était porteur de cette ordonnance et d'une lettre du ministre de la marine, qui devait, dans le cas prévu, faire connaître à l'amiral les intentions du Roi. L'existence de ces pièces ne fut connue qu'après la révolution de juillet. M. de Bourmont la tint constamment secrète ; il craignait que la mesure prise par le gouvernement ne blessât les marins, et ne rendît plus difficile le maintien d'une parfaite harmonie entre les deux armées ; aussi était-il décidé à ne prendre le double commandement qu'à la dernière extrémité. Dans l'armée de terre, on regrettait généralement que toutes les forces qui devaient concourir au succès de l'expédition ne fussent pas dirigées par la même volonté.

Le signal qui appelait l'armée navale dans la baie de Palma causa de la surprise. Tous les officiers de marine ne regardaient point le mouvement rétrograde comme nécessité par l'état de la mer, la force ou la direction du vent. On s'imagina que la mission de Tahir-Pacha en était la véritable cause, qu'un arrangement avait été proposé, et que les deux chefs croyaient devoir attendre la réponse du gouvernement français.

Le vent continua de favoriser la navigation vers le nord ; et le 2 juin, avant le jour, *la Provence* atteignit l'entrée de la baie de Palma. Les trois escadres avaient marché avec une égale rapidité ; mais la première section du convoi était restée en arrière à une assez grande distance. L'ordre de jeter l'ancre ne fut donné qu'à la troisième escadre. Les bâtimens de la première et de la deuxième restèrent sous voile. L'objet de cette disposition était, nous disait-on, de faire gagner quelques heures, lorsque le moment de se rapprocher de l'Afrique serait venu. Cependant, n'ayant plus de doute sur le départ de la flottille, l'amiral avait expédié des ordres pour qu'elle rétrogradât, et ce n'était qu'après l'avoir ralliée, qu'il devait faire voile vers Alger.

L'entrée dans la baie de Palma de la première section du convoi n'eut lieu que deux ou trois jours après celle des bâtimens de guerre. Les deux autres sections ne tardèrent pas à y arriver. La moitié de l'approvisionnement en fourrage que portaient les bâtimens-écuries était déjà consommée. L'ordre fut donné de le compléter, en déchargeant plusieurs bâtimens des deuxième et troisième sections.

Le 6 juin, les premiers bâtimens de la flottille furent signalés; poussés par un vent de sud-est, ils arrivèrent successivement dans la baie; plusieurs avaient souffert, mais aucun n'avait péri, quoique leur construction les rendît peu propres à résister à un coup de vent. Deux bâtimens venant du sud communiquèrent avec *la Provence*, le 6, à quatre heures après midi. L'un d'eux, *la Badine*, appartenait à la station d'Alger; l'autre, *la Bayonnaise*, avait quitté Tunis le 2 juin. Depuis le 1er, le temps avait été constamment beau sur les côtes d'Afrique. M. Gérardin était à bord de *la Bayonnaise*. Il annonça que le bey continuait de montrer des dispositions favorables, mais qu'il n'autoriserait la compagnie Seillière à faire pour l'armée des achats de subsistances que sous la condition que la destination resterait secrète. Au reste, Tunis offrait moins de ressources qu'on ne l'avait espéré. Le prix de la viande y était peu élevé; mais celui des grains était le même qu'en Europe. A Tabarque, les achats de toute espèce pouvaient se faire avec plus d'avantage.

Les transports, d'ailleurs, en raison de la distance de ce marché au point désigné pour le débarquement, devaient être plus prompts et moins dispendieux. On y avait envoyé M. Rimbert; se trouvant près de la limite des deux Régences, il devait négocier avec quelques tribus soumises au dey d'Alger. Ces négociations n'eurent aucun résultat.

On savait à Tunis au moment du départ de M. Gérardin, que le bey de Constantine avait quitté sa résidence le 22 mai, pour porter son tribut à Hussein-Pacha. Un corps considérable l'accompagnait; on supposait qu'il n'arriverait à Alger que le 5 ou le 6 juin.

Quelques bâtimens de l'escadre de réserve étaient mouillés à très petite distance de Palma. Malgré les défenses que l'amiral avait faites, des soldats descendirent à terre. On les y reçut sans difficulté, quoique notre communication avec la frégate turque eût mis l'armée en quarantaine. Tous les habitans faisaient des vœux pour le succès de l'expédition; mais peu s'en fallut que quelques désordres commis par des hommes ivres ne changeassent leurs dispositions. Heureusement la prudence et la fermeté du gouverneur prévinrent les rixes sanglantes qui avaient été au moment d'éclater.

Des signaux interrogèrent les capitaines de

tous les bâtimens sur le nombre des malades qui se trouvaient à leur bord. Une grande partie de l'armée étant embarquée depuis vingt jours, on pouvait craindre qu'il ne fût considérable. A peine compta-t-on un malade sur cinq cents hommes; il est rare que, même dans les meilleures garnisons, l'état sanitaire des troupes soit aussi satisfaisant.

Le 8 juin était le jour fixé pour le départ; mais un calme presque absolu s'opposait à ce que l'on sortît de la baie. Le 10, à la pointe du jour, une faible brise soufflait du nord-est. Aussitôt des ordres furent donnés pour que les escadres, la flottille et la première section du convoi fissent route vers le sud. La seconde section du convoi, sur laquelle près de dix-neuf cents chevaux étaient embarqués, devait ne mettre à la voile que le 12. M. de Bourmont désirait que la troisième section, qui portait à peu près le même nombre de chevaux, se dirigeât le même jour vers la côte d'Afrique; mais l'amiral, dans la crainte que la réunion près du point de débarquement d'un trop grand nombre de voiles ne donnât lieu à des embarras, et peut-être même à de graves accidens, ordonna au chef de cette section de ne donner que le 14 le signal du départ. Cette précaution était sans doute imposée par la prudence : on verra plus tard qu'elle retarda de quelques jours la marche de nos opérations.

La brise, qui le 10 au matin poussait la flotte vers le sud, prit une force toujours croissante. Quelques bâtimens eurent des avaries, et lorsque le 12 à la pointe du jour on découvrit la côte, l'amiral ne crut pas devoir donner l'ordre du débarquement. On vira de bord. Le soir, le vent ayant faibli, le mouvement rétrograde cessa. L'amiral donna l'ordre du branle-bas de combat pour le lendemain à la pointe du jour.

Trompé par des rapports inexacts, il supposait que la tour de Sidi-Ferruch et une batterie basse qui se trouvait à l'ouest étaient armées de pièces de gros calibre ou de mortiers. *La Provence*, *la Didon* et *l'Iphigénie* furent destinées à diriger leurs feux contre la tour. Les canons *du Breslaw*, *du Trident* et *de l'Amphitrite* devaient faire taire la batterie. Ces six bâtimens étaient armés en guerre. Le lendemain au lever du soleil, la flotte n'était qu'à deux ou trois lieues d'Alger. On aperçut distinctement cette ville s'élevant en amphithéâtre sur les bords de la mer. Sa forme est celle d'un triangle. La blancheur des constructions, l'absence des toitures, lui donnent l'aspect d'une vaste carrière. Des maisons de campagne et des jardins couvrent le terrain environnant. Le temps était beau, le vent favorable. Tout annonçait que le débarquement ne tarderait pas à s'effectuer; la joie était à son comble, et le cri de *vive le Roi* s'éleva de tous les bâtimens. La presqu'île de Sidi-Ferruch se trouvait à l'ouest de l'armée navale. On navigua dans cette direction, et bientôt la tour du Marabout se montra dans le lointain. Arrivés à la hauteur de la baie orientale, nous ne vîmes sur le rivage aucun préparatif de défense; quelques tentes étaient dressées à une demi-lieue vers le sud-ouest.

Le vent soufflant de l'est, l'amiral pensa que c'était dans la baie occidentale qu'il fallait débarquer. On reconnut que la tour n'était point armée, et que des canons y étaient grossièrement figurés par des pièces de bois. Quand on eut doublé la pointe, la batterie basse nous présenta ses douze embrasures, mais pas une seule bouche à feu n'était en batterie. Quelques cavaliers se montraient sur le rivage. Les dispositions qui avaient été prescrites aux vaisseaux *la Provence*, *le Trident* et *le Breslaw*, et aux frégates *la Didon*, *l'Iphigénie* et *l'Amphitrite*, se trouvant sans objet, ces bâtimens comme tous les autres jetèrent l'ancre dans la baie occidentale. La mer était calme, et toutes les manœuvres s'exécutaient avec une extrême facilité. L'amiral en parut frappé: «Si on m'avait donné, dit-il alors, des renseignemens plus exacts, il y a quinze jours que nous serions ici; la flotte sera aussi en sûreté dans cette baie que dans la rade de Toulon. Elle y restera jusqu'à la fin de l'expédition. »

On vit au-delà de la presqu'île des groupes de Turcs et d'Arabes qui remuaient de la terre et mettaient en batterie quelques bouches à feu. Bientôt un mortier et deux pièces de canon commencèrent à tirer contre la flotte. Un de nos bateaux à vapeur s'approcha du rivage et leur riposta.

Deux cents voiles se trouvaient réunies sur un espace peu étendu. Dans un pareil état de choses, des bombes lancées en grand nombre auraient pu causer beaucoup de dommage. Heureusement le feu de l'ennemi était peu redoutable; un éclat de bombe blessa un marin sur le pont du *Breslaw*. Ce fut la seule perte qu'essuya l'armée navale. Personne ne fut atteint dans l'armée de terre. Bientôt le feu cessa de part et d'autre, et tout fut tranquille pendant la nuit. Des ordres avaient été donnés pour qu'à trois heures du matin, le débarquement commençât. L'ennemi paraissait avoir renoncé à s'y opposer. En se conformant avec rigueur à des dispositions qui avaient été prescrites d'après l'hypothèse d'une vigoureuse résistance, on aurait perdu inutilement un temps précieux. L'amiral ne songea plus qu'à opérer rapidement, et ce fut cette considération qui dicta ses nouveaux ordres. Les chalans, et un grand nombre d'autres embarcations, étaient réunis avant la pointe du jour autour des bâtimens de la division Berthezène. Les soldats, pourvus de vivres pour quatre jours, s'y précipitèrent avec une ardeur difficile à peindre, et bientôt quelques compagnies eurent atteint le rivage. Les régimens se formèrent avec plus de rapidité qu'on ne l'avait espéré; plusieurs pièces de campagne avaient été mises à terre en même temps que les premières troupes, et à cinq heures du matin le général en chef pouvait disposer d'assez de forces pour prendre l'offensive. Les bâtimens au milieu desquels s'élevait la tour étaient abandonnés. On se hâta de les occuper. L'ennemi avait pris en dehors de la presqu'île une position que défendaient trois batteries échelonnées. Il montrait sept à huit mille hommes presque tous Arabes. Des Turcs servaient les bouches à feu. Il était important de ne pas laisser refroidir l'enthousiasme de nos soldats. Différer l'attaque, c'eût été d'ailleurs rendre nos pertes plus considérables. L'artillerie algérienne avait commencé à tirer, et son feu devait devenir plus meurtrier à mesure que de nouvelles troupes débarqueraient dans la presqu'île; le général en chef donna au général Berthezène l'ordre de faire marcher par bataillons en masse vers la gauche de la position que l'ennemi occupait, et de tourner ses batteries.

Le terrain n'était que faiblement accidenté; mais les fortes broussailles dont il était couvert rendaient la marche difficile. L'ardeur des troupes aurait surmonté de plus grands obstacles. Les généraux Porèt de Morvan et Achard marchaient à la tête de leurs brigades. La brigade Clouet formait la réserve. Nos pièces de campagne avaient été mises en batterie par le général La Hitte. En butte à leur feu, l'artillerie ennemie l'était encore à celui de trois bâtimens qui, de la baie orientale, la prenaient à revers. Cette coopération de la marine augmenta l'effroi des Turcs et des Arabes : ils abandonnèrent leurs batteries, et leur fuite fut trop rapide pour que l'on pût faire des prisonniers. Nous n'avions point de cavalerie, et l'affaire était décidée avant qu'il y eût à terre un seul cheval, soit pour l'artillerie, soit pour les officiers-généraux.

Notre perte fut peu considérable; trente hommes environ furent mis hors de combat; mais, atteints presque tous par le canon, ils moururent ou subirent l'amputation. Plus de la moitié des blessés appartenait au 14e et au 37e régimens de ligne, que le général Achard dirigeait avec autant d'habileté que de valeur. Ces corps, qui eurent une si grande part à notre premier succès, devaient vaincre avec plus de gloire encore dans ce combat de l'Atlas, qui fut le dernier de la campagne de 1830.

Quinze pièces de canon et plusieurs drapeaux furent les trophées de la victoire.

Le général Berthezène cita plusieurs officiers comme s'étant particulièrement distingués : ce sont MM. de l'Aure, capitaine de voltigeurs du 4e léger; Clouet, capitaine de carabiniers au même régiment; Bache, sous-lieutenant au 2e léger; Billiard, capitaine au 14e de ligne; Abadie, capitaine au 37e.

MM. Bessière, sous-lieutenant au 3e de ligne, et Charles de Bourmont, aide-major au même régiment, étaient entrés les premiers dans une des batteries ennemies.

Cette affaire, en mettant hors de doute la grande supériorité de nos troupes, les avait remplies de confiance. Dès lors le succès de l'expédition parut assuré : on reconnut que des hommes qui combattaient épars et sans aucune espèce d'ordre, ne pouvaient, quel que fût leur nombre, lutter contre nos bataillons en masse. Cette dernière disposition présentait une force suffisante, et rendait inutiles les marches en carré auxquelles on avait exercé l'infanterie.

Dans l'armée que nous avions combattue, les cavaliers, plus nombreux que les fantassins, étaient peu redoutables : ils étaient mal armés; leurs chevaux ne se distinguaient ni par leur vitesse, ni par l'élégance de leurs formes.

La mobilité de nos bouches à feu de nouveau modèle nous donnait un immense avantage. Pendant toute la campagne, elle étonna l'ennemi, qui n'avait à nous opposer que de l'artillerie de position.

Tous les Arabes ont pour vêtement un manteau de laine blanche que l'on nomme *bournout;* à ce manteau est adapté un capuchon. Les schakos de nos soldats étaient couverts de coiffes de toile blanche : au milieu des broussailles qui ne laissaient voir que leur tête, ils furent quelquefois en butte au feu de leurs camarades, qui croyaient apercevoir des ennemis. Pour éviter ces méprises, on donna l'ordre de retirer les coiffes des schakos.

Long-temps même avant le débarquement, on avait conçu le projet de faire de la presqu'île une place de dépôt fermée du côté de la terre par une ligne continue de fortifications. Le général en chef attachait une grande importance à la construction de cette ligne; aussi ne perdit-on pas un moment pour en exécuter le tracé. Le général Valazé l'avait commencé pendant le combat même. Le développement des ouvrages devait être de 1000 mètres environ.

Depuis la pointe du jour, le débarquement avait continué sans interruption : les marins montraient une prodigieuse activité. A deux heures après midi, les trois divisions d'infanterie, une grande partie des sapeurs et des canonniers, toute l'artillerie de campagne, et soixante-quatre chevaux, étaient réunis dans la presqu'île.

La première division, après s'être emparée des batteries ennemies, prit position à la hauteur de celle de ces batteries qui était le plus éloignée du point de débarquement. Sa gauche s'étendait jusqu'à la mer : l'espace qui resta vide sur la droite était occupé par les deux premières brigades de la division Loverdo. La troisième brigade de cette division fut placée en seconde ligne.

La division d'Escars s'établit en partie dans la presqu'île, en partie au-delà du tracé des ouvrages. Les troupes placées en première ligne reçurent l'ordre de se retrancher et de tourner contre l'ennemi les pièces qu'elles avaient enlevées. Ces travaux furent exécutés avec une extrême promptitude : il en fut de même de la construction des retranchemens destinés à fermer la presqu'île. Deux mille cinq cents hommes y étaient employés à la fois jour et nuit. Un fossé large et profond, une ligne de palissades, et vingt-quatre pièces marines de 8 et de 12, rendaient ces retranchemens inexpugnables contre des troupes dont les attaques ne pouvaient être soutenues par le feu de l'artillerie.

Le quartier-général fut établi dans la tour et dans ses dépendances. De la position élevée qu'il occupait on découvrait toute la presqu'île, et même le terrain situé au-delà, jusqu'à une distance considérable.

Le pays qui allait devenir le théâtre des opérations militaires présente des caractères remarquables. Si, en partant d'Alger, on suit le littoral vers l'est et vers l'ouest, on rencontre dans chaque direction un cours d'eau; celui qui coule à l'est se nomme l'*Harash* : son embouchure se trouve à trois lieues de la ville. L'autre, que les habitans ont désigné sous le nom de *Massafran*, se jette dans la mer à une distance double. Les ruisseaux qui alimentent ces deux rivières sortent du Petit-Atlas, qui forme une courbe dont les deux extrémités touchent le littoral à quelques lieues d'Alger, et dont le centre est éloigné de cette ville de sept à huit lieues.

Lorsque de la chaîne qui est désignée sous le nom de *Petit-Atlas* on tourne les regards vers le nord, on est d'abord disposé à conclure, de l'aspect général des lieux, que jadis un détroit séparait du continent le groupe de collines dans lequel Alger est situé, et que des attérissemens ayant comblé ce détroit, ont formé la plaine de la Metidja ; mais, après avoir observé l'étranglement que présentent, près de leur débouché dans la mer, les vallées de l'Harash et du Massafran, on est conduit à une autre hypothèse ; c'est qu'un lac a couvert l'espace qu'occupe aujourd'hui la plaine; que deux langues de terre qui lui servaient de digues ayant été rompues, les eaux se sont écoulées dans la Méditerranée par deux ouvertures; que, par la suite, celles qui descendent de l'Atlas ont convergé vers ces ouvertures, et formé ainsi deux rivières coulant dans des directions opposées. L'une ou l'autre de ces conjectures peut servir à expliquer pourquoi aucune limite apparente ne marque la séparation des bassins de l'Harash et du Massafran.

La cime du Boudjareah domine toutes les collines des environs d'Alger; son élévation au-dessus du niveau de la Méditerranée est de plus de 400 mètres. Le relief du terrain est ce que Boutin avait apprécié avec le moins d'exactitude. Sur sa carte, la plus grande cote de hauteur est de 160 mètres. Les difficultés que lui opposait la méfiance des habitans doivent avoir été la principale cause de cette erreur.

A mesure que l'on s'éloigne d'Alger, en marchant par la ligne la plus courte, vers le point de débarquement, le terrain que l'on traverse devient moins inégal : celui de la presqu'île offre peu de relief; l'éminence sur laquelle repose la tour n'a que 28 mètres de hauteur; le roc dont elle se compose est à nu du côté de la mer. Dans les autres parties, le sol est léger et même sablonneux. Au pied de l'éminence, nous vîmes, dans des champs de peu d'étendue, de l'orge et quelques légumes. Plus loin, la terre était couverte de broussailles qui, sur beaucoup de points, atteignent la hauteur des taillis de nos bois de France, et sont presque impénétrables pour les hommes à cheval. Des pins de petite dimension, des arbousiers, des lentisques, tels sont les arbustes les plus nombreux.

Nous joindrons à ces détails descriptifs quelques renseignemens sur les divisions politiques et sur la population. La Régence est divisée en trois provinces et un arrondissement; chacune des provinces est gouvernée par un bey que nomme le dey d'Alger, et qui est soumis à un tribut annuel : les deux plus considérables portent le nom des villes de Constantine et d'Oran, qui sont comprises dans leur territoire : la troisième est la province de Tittery. On a supposé à tort qu'il existait une ville de ce nom ; Medeah est le chef-lieu. L'arrondissement d'Alger, qui comprend les environs de cette ville et de la Metidja, se trouvait sous l'autorité de l'aga ou chef de la milice.

La population avait été évaluée d'une manière inexacte, même pour les villes du littoral. Si l'on s'en rapporte à Maltebrun, celui de nos géographes qui paraît mériter le plus de confiance, Alger renferme soixante-dix mille individus : or, nous avons acquis la certitude qu'avant la conquête on en comptait à peine trente-cinq mille. Cependant la situation de cette ville, nos relations commerciales avec ses habitans, les témoignages faciles à recueillir des consuls étrangers, semblaient rendre impossibles de semblables erreurs. Toutes les autres villes de la Régence sur lesquelles l'expédition nous a mis à portée d'avoir des renseignemens exacts, sont moins peuplées qu'on ne le supposait. Le *Précis de Géographie universelle* élève à cent mille le nombre des habitans de Constantine, qui est six à sept fois moins considérable. Dans la ville de Belida, que Boutin croyait habitée par quinze mille Turcs, Juifs ou Arabes, nous avons trouvé moins de quatre mille âmes. Les expéditions de Bonne et d'Oran ont donné lieu à des observations semblables : aussi pensons-nous que la population tout entière de la Régence ne s'élève pas à un million d'habitans. Elle se compose de différentes races.

La plus nombreuse est celle des Arabes. On les regarde comme descendans de ceux qui apportèrent en Afrique la langue et la religion de Mahomet. Comme les habitans de l'Arabie, ils forment des tribus dont chacune est soumise à l'autorité d'un chef, qui se nomme *scheik* (c'est-à-dire *vieillard*). Des tentes ou des huttes leur servent d'habitations : ils parlent presque sans altération la langue de leurs ancêtres. Leur taille est assez élevée; leurs traits ont généralement de la régularité, et diffèrent peu de ceux des Européens. Quoique adonnés à l'agriculture et au soin des troupeaux, ils ont conservé le goût des armes, et jamais leur soumission n'a été complète. Un Maure représentait le dey auprès de chaque tribu; on lui donnait le nom de *caïte*.

Les Cabaïls ou Berbères paraissent tirer leur origine des anciens Numides. Quoiqu'ils diffèrent des Arabes par leur langue et même par leurs traits, ils sont, comme eux, organisés en tribus. Ceux qui vivent sur le versant méridional de l'Atlas sont presque indépendans : sans le besoin de faire des échanges, peut-être se seraient-ils depuis long-temps affranchis de toute espèce de soumission. On confond souvent les Arabes et les Cabaïls; à Alger, presque tous les habitans des montagnes sont désignés indistinctement sous le nom de Cabaïls.

Plusieurs des tribus répandues dans les montagnes de l'est obéissent à un même chef : la plus belliqueuse de ces tribus, celle des Zouaves, avait toujours joui d'une espèce d'indépendance. Le dey d'Alger et le bey de Tunis en tiraient des troupes auxiliaires. Les Zouaves étaient en quelque sorte les Suisses de l'Afrique : le pays qu'ils habitent est traversé par la route de Constantine. L'huile en est la principale production. Leur religion est le mahométisme pur : le plus grand nombre parlent le berbère : l'arabe est la langue des autres. Ils fabriquent des armes blanches, des armes à feu et de la poudre, avec plus de succès que l'état peu avancé de leur industrie ne devrait le faire présumer.

On appelle *Maures* les habitans des villes et ceux d'une partie des contrées voisines de la mer. C'est parmi les premiers qu'on trouve le plus de civilisation et le moins d'aptitude à la guerre : ils se livrent au commerce et à quelques branches d'industrie. On les croit issus de ceux qui furent chassés d'Espagne dans le quinzième siècle. Leurs traits annoncent que le sang des Turcs s'est mêlé à celui des Arabes. Leur langue habituelle est un dialecte fort altéré de l'arabe : avec les étrangers ils parlent le franque, jargon informe dont presque tous les mots ont leur racine dans les langues méridionales de l'Europe.

Depuis que le prix peu élevé des grains de la Crimée a presque frappé de mort l'agriculture sur les côtes de la Barbarie, les Maures des campagnes sont devenus tous les jours moins nombreux. Bientôt la misère aura entièrement détruit cette partie de la population.

Les Turcs sont les dominateurs du pays; leur milice, comme celle des Mamelucks, se recrute au-dehors. C'est à Constantinople et dans l'Asie-Mineure que sont nés les soldats qui la composent. On choisit exclusivement parmi eux le dey, les ministres et les chefs militaires : l'exclusion de leurs enfans, que l'on désigne sous le nom de *koulouglis*, est un appât donné aux étrangers. Ce sacrifice des sentimens naturels à ce qu'on a cru imposé par l'intérêt de l'État, est un fait digne de remarque. L'accès de quelques emplois dans l'armée et l'administration est cependant ouvert aux koulouglis ; ils peuvent servir dans l'artillerie, et même être élevés à la dignité de bey. Lorsque l'armée française débarqua en Afrique, un fils de Turc gouvernait la province de Constantine.

La force totale de la milice turque s'élevait à peine à dix mille hommes : quatre mille se trouvaient à Alger; un nombre à peu près égal de koulouglis, ou de Maures, faisaient aussi partie de la garnison de cette ville.

Les juifs sont nombreux dans la plupart des villes de la Régence : à Alger, on en compte quatre ou cinq mille. Là, comme dans les autres pays, le trafic est presque leur seul moyen d'existence.

On leur interdit de porter le turban : un bonnet et des vêtemens noirs servent à les distinguer des autres habitans. Quoique traités avec peu d'égards, ils jouissent du privilége d'avoir un chef et des juges particuliers.

Tous les Algériens musulmans professent leur religion avec une grande ferveur; Hussein-Pacha était lui-même d'une excessive dévotion.

Alger renfermait autrefois un grand nombre d'esclaves; presque tous étaient des marchands chrétiens pris sur mer par les bâtimens de la Régence. A l'ouverture de la campagne, il n'y avait point dans la ville d'autres prisonniers français que les naufragés du *Silène* et de *l'Aventure*. Trois matelots d'Hydra, dont le bâtiment avait été capturé, travaillaient dans les magasins de la marine. Le consul anglais les avait réclamés, en faisant valoir le principal article du traité conclu avec lord Exmouth. Satisfaits de leur sort, ils n'en voulurent point changer.

La position qu'occupaient en avant de la presqu'île les divisions Berthezène et Loverdo présente une suite de hauteurs qui s'étend depuis la baie de l'ouest jusqu'à 400 mètres environ de celle de l'est. Entre la mer et l'extrémité de cette ligne, vers la gauche, des dunes occupent une étendue considérable. Le front des deux premières brigades de la division Loverdo était couvert par un ravin profond dont d'épaisses broussailles hérissaient les berges. Au fond de ce ravin coule un ruisseau qui servit pendant plusieurs jours à abreuver une partie des hommes et des chevaux; des lauriers-roses croissent sur ses rives. A la faveur des broussailles et des plis du terrain, les tirailleurs ennemis pouvaient, sans être aperçus, s'avancer jusqu'à petite portée de fusil de nos troupes. Ils en profitèrent le jour du débarquement pour continuer le feu jusqu'à la fin du jour.

Pendant la nuit suivante, il y eut une fausse alerte; nos jeunes soldats avaient plus d'ardeur que de sang-froid et d'expérience. Se croyant attaqués, des régimens de la première division tirèrent les uns contre les autres, malgré tous les efforts de leurs chefs. Cette méprise coûta la vie à quelques hommes.

La construction des ouvrages destinés à fermer la presqu'île, et le débarquement d'une partie du matériel, fixèrent presque exclusivement l'attention du général en chef. On se borna donc, pendant la journée du 15, à rectifier la disposition des troupes, à couvrir leur front d'artillerie et de retranchemens de lances assemblées trois à trois. Les six obusiers de montagne furent conduits vers l'emplacement qu'occupait la division Loverdo. C'était à la gauche que nos positions pouvaient être attaquées avec le plus d'avantage. Le général en chef porta de ce côté la brigade d'Arcine, qui fut ainsi séparée pendant quelques jours de la deuxième division.

Le général La Hitte fit transporter aux avant-postes quelques pièces de campagne, des fusils de rempart et des fusées à la Congrève. La portée des fusils, la justesse de leur tir, frappèrent tous ceux qui ne connaissaient point les effets de cette arme. L'emploi des fusées ne répondit pas aux espérances qu'on avait conçues. Les Arabes étaient presque toujours épars, et c'est surtout contre des masses de cavalerie que ces projectiles seraient dirigés avec succès.

Notre immobilité ranima la confiance de l'ennemi, qui en ignorait la véritable cause. Les troupes battues le jour du débarquement s'étaient éloignées de la presqu'île; elles s'en rapprochèrent. Dès lors de continuelles tirailleries se firent entendre d'un bout de la ligne à l'autre, et chaque jour nous avions cinquante ou soixante hommes mis hors de combat. Notre perte aurait été plus considérable encore si le feu de nos canons et de nos obusiers n'avait diminué l'audace de l'ennemi.

Dans la soirée du 15, l'amiral quitta son bord pour visiter la presqu'île et les ouvrages que l'on y construisait; il offrit de les faire garder par trois mille hommes de sa marine, que le capitaine de vaisseau Hugon devait commander. Cette coopération fut acceptée avec empressement par M. de Bourmont; elle devait laisser toutes les troupes de terre disponibles pour les opérations ultérieures : c'était en outre un lien de plus entre les deux armées.

La promptitude avec laquelle s'opérait le débarquement du matériel surpassait toutes les espérances. L'activité de l'amiral ne fut point ralentie par la crainte de démentir ses propres prévisions; la nuit même n'interrompait pas les travaux de la marine. Le 15 au soir, on avait mis à terre toutes les voitures de l'artillerie de campagne et quelques pièces de siége, les deux cents chevaux que portaient les bateaux-écuries de la première section du convoi, une quantité considérable d'outils, des fours en tôle, un grand nombre de tentes, les baraques destinées à servir d'hôpitaux et une partie de l'approvisionnement de vivres qui se trouvaient sur les bateaux-bœufs. . . . .

On ne perdit pas un moment pour la construction des fours et pour l'établissement des hôpitaux. Les ouvriers d'administration n'étaient ni assez nombreux, ni assez exercés pour suffire à ces travaux. Les sapeurs et les mineurs y suppléèrent; leur zèle égalait leur intelligence. C'est surtout dans des pays lointains et peu civilisés que l'on peut apprécier ces soldats d'élite à la fois si braves, si laborieux et si disciplinés. Il n'y avait dans la presqu'île qu'un petit nombre de puits : les soldats du génie en creusèrent sur différens points; la profondeur moyenne était de 5 à 6 mètres : sur le rivage elle était moins considérable encore, sans que la qualité des eaux parût altérée par le voisinage de celles de la mer. . . . .

Le 16, au lever du soleil, le temps était calme. Des gouttes d'eau d'une grosseur extraordinaire tombèrent bientôt après. Ce phénomène, que l'on remarque souvent dans les contrées équinoxiales, était le signal d'une tempête violente. Un vent d'ouest s'éleva tout à coup, l'air s'obscurcit; des coups de tonnerre se succédaient rapidement. Bientôt on vit dans la baie occidentale les vagues soulevées, et imprimant même aux vaisseaux de guerre les plus violentes secousses. Plusieurs brigs, poussés vers la côte, tiraient le canon de détresse ; des frégates chassaient sur leurs ancres. Dans ce moment critique, tous les esprits se reportaient vers les désastres de l'expédition de Charles-Quint. L'armée avait à peine pour cinq jours de vivres; une faible partie seulement des cartouches avait été débarquée. Cette journée fut, sans contredit, la plus périlleuse de la campagne. Le lieutenant de vaisseau du Breuil, qui avait été détaché au quartier-général de l'armée de terre pour surveiller les détails du débarquement, ne dissimulait pas ses inquiétudes. Cependant les éclats répétés de la foudre et la pluie abondante qui s'y joignit, lui donnaient l'espoir que le vent ne conserverait pas long-temps la même direction. En effet, après une crise de trois heures, il sauta brusquement à l'est; dès lors le danger cessa. Cependant, à la fin du jour, la mer était encore houleuse; elle continua même de l'être pendant la nuit suivante. Plusieurs bâtimens avaient éprouvé des avaries; mais c'était un faible inconvénient en comparaison des désastres que l'on avait eu à redouter. Pendant la tempête, deux brigs qui se trouvaient dans la baie orientale furent menacés d'être jetés à la côte : le général Clouet reçut l'ordre de se tenir prêt à porter secours aux équipages. Le feu de l'armée navale ayant constamment secondé l'attaque du 14, les troupes de terre étaient impatientes d'acquitter leur dette; arracher des marins à la mort ou à la captivité n'aurait pas eu moins de prix à leurs yeux que le gain d'une bataille.

La première section du convoi, qui était en vue dès le 15 au soir, n'avait point souffert; elle se trouvait encore à une grande distance de la baie lorsque l'orage éclata.

Le péril avait paru imminent à l'amiral Duperré. Dans une lettre adressé le 17 au comte de Bourmont, il disait que si l'orage avait duré deux heures de plus, c'en était fait de la flotte. Dès lors le mouillage lui parut moins sûr qu'il ne l'avait supposé d'abord, et de nouveaux ordres pressèrent le déchargement des bateaux-bœufs et des bâtimens de transport de la première section du convoi, dont une grande partie fut rassemblée le 16 dans la baie occidentale.

Plusieurs peintres, Gudin, Langlois, Tanneur, Isabey fils, avaient suivi l'armée. Le premier ne laissa point échapper l'occasion de peindre une tempête historique. Nous le vîmes consigner, dans une étude fidèle, quoiqu'exécutée rapidement, le spectacle imposant que nous avions sous les yeux. Langlois se rappela dans plus d'une occasion qu'il avait été soldat avant que d'être peintre.

De nombreuses baraques avaient été construites avec les branches des arbustes qui couvraient le terrain de nos positions. Mais ce faible abri n'avait pu préserver nos soldats de la violence de l'orage. Le soleil n'ayant, pendant la journée du 16, paru que peu d'instans, leurs vêtemens n'étaient point encore secs lorsque la nuit survint; cependant le nombre des malades ne s'accrut pas les jours suivans.

On avait craint que les cartouches ne fussent avariées et les armes hors d'état de tirer. Le général en chef, qui se souvenait qu'en 1813, dans une circonstance semblable, il n'avait pu opposer aux escadrons russes et prussiens le feu de l'infanterie qui se trouvait sous ses ordres, songea un moment à faire rétrograder la première ligne vers une position plus resserrée que celle qu'elle occupait; on lui représenta que ce mouvement, en ranimant la confiance de l'ennemi, produirait un inconvénient plus grave que celui que l'on voulait éviter. Le général Berthezène déclara que, dans le cas même où les troupes seraient réduites à ne se servir que de leurs baïonnettes, il répondrait encore de conserver sa position : aucun mouvement rétrograde ne fut prescrit; le mal d'ailleurs était moindre qu'on ne l'avait craint. Nos soldats avaient, avec un soin remarquable, préservé de l'humidité leurs armes et leurs munitions.

Pendant la nuit du 16 au 17, il y eut encore une fausse alerte, mais elle n'eut pas d'aussi fâcheux résultats que la première.

Le 17, à la pointe du jour, l'ennemi montra plus de monde que les jours précédens : on crut qu'il se disposait à une attaque ; mais quelques obus suffirent pour l'éloigner.

Les bons effets de nos bouches à feu firent augmenter le nombre de celles qui avaient été mises en batterie. Le général La Hitte en conduisit sur les points qu'il avait jugés les plus favorables ; jamais on ne l'entendit exprimer la crainte de les compromettre. Rassuré par leur extrême mobilité, il les plaça constamment en première ligne dans les terrains même les plus accidentés.

La construction des retranchemens donnait à la presqu'île l'aspect d'une place forte ; dès le 17, les travaux étaient fort avancés. On renonça au projet d'un palissadement, projet dont l'exécution aurait exigé un temps considérable, et l'emploi de matériaux qui pouvaient être plus tard d'une grande utilité. Près des points où la ligne des retranchemens aboutissait au rivage, l'eau avait peu de profondeur, on pouvait craindre que l'ennemi n'en profitât pour tenter une surprise. Pour écarter ce danger, on établit jusque dans la mer des palissades et des chevaux de frise. Deux bâtimens génois, armés de petits canons, furent en outre échoués dans chaque baie, aux extrémités de ces lignes d'obstacles.

La plus grande activité se faisait remarquer dans la presqu'île; les baraques destinées à recevoir les malades ressemblaient de loin à de vastes habitations.

L'artillerie, le génie et l'administration formaient leurs parcs dans des emplacemens auxquels des fossés ou d'autres obstacles servaient de limites.

De nombreuses embarcations se dirigeaient continuellement de la flotte vers le rivage. Dans le débarquement, on cherchait à opérer moins avec ordre qu'avec promptitude. Des objets de toute espèce couvraient la plage; on réunissait sur des points déterminés ceux qui étaient de même nature. Des charpentiers, des forgerons, établissaient leurs ateliers; la fabrication du pain était aussi active pendant la nuit que pendant le jour.

Il n'y eut qu'une voix dans l'armée sur l'activité que montrèrent alors le chef de l'administration et les autres fonctionnaires de l'intendance.

La soif du gain avait attiré en Afrique un grand nombre de marchands de comestibles. Le vin et les liqueurs spiritueuses surtout se trouvaient en abondance : bientôt même le grand nombre des soldats, et surtout des marins ivres, força de restreindre le nombre des cantiniers.

Les voitures étaient inconnues dans la Régence; tous les transports s'y faisaient à dos de mulet, d'âne ou de chameau; aussi les chemins n'étaient-ils généralement que des sentiers. Il était urgent d'ouvrir des communications faciles pour l'artillerie et pour les voitures d'administration. Les officiers du génie les tracèrent, et deux jours après le débarquement, des routes carrossables se prolongeaient depuis la presqu'île jusqu'à nos postes avancés, et même au-delà. Les soldats travaillaient avec une ardeur inexprimable; ils semblaient avoir apprécié, comme leurs chefs, les circonstances où se trouvait l'armée.

Quoique en grand nombre, les puits que l'on avait creusés étaient insuffisans. Tous les jours, à des heures fixes, une partie des chevaux allait s'abreuver dans le ruisseau qui se trouvait en avant du front de la deuxième division. Sur la rive opposée à celle dont nous étions maîtres, des broussailles permettaient à l'ennemi de s'em-

busquer. Plusieurs de nos soldats ayant été blessés, des ordres furent donnés pour que l'on coupât ces broussailles jusqu'à cent toises en avant du point où l'on conduisait les chevaux.

Dès le 17, des navires de la deuxième section du convoi entrèrent dans la baie. On commença le lendemain à décharger ceux qui transportaient les chevaux. Deux jours après, toute l'artillerie de campagne était attelée, et l'administration avait à sa disposition deux cent cinquante chevaux ou mulets sur les treize cents qui étaient affectés à son service. Deux escadrons de chasseurs et les chevaux des officiers de l'armée se trouvaient à bord de la deuxième section. Ils ne furent entièrement débarqués que le 21.

Tous les chevaux de l'artillerie de siége, la plus grande partie de ceux de l'administration, et le troisième escadron de chasseurs, ne devaient arriver qu'avec la troisième section du convoi.

Le jour même du débarquement des troupes, quelques tentes étaient établies sur un plateau situé à une lieue et demie de la presqu'île. Depuis lors, leur nombre s'était continuellement accru. Le 17 et le 18, on vit des Turcs et des Arabes construire et armer en avant de ces tentes plusieurs batteries.

Un Arabe âgé se présenta aux avant-postes le 17; sa raison paraissait égarée. Interrogé sur les motifs qui l'avaient conduit vers nous, il répondit qu'il avait obéi à la volonté de Dieu; que son désir était de ramener la paix entre les Français et les Arabes. On le pressa de retourner le lendemain auprès de ses compatriotes, et de leur donner l'assurance de notre disposition à devenir leurs amis. On lui remit des proclamations qui avaient été rédigées en France; il partit et ne revint plus. Le jour même où cet homme quittait le camp français, un de nos interprètes se présenta au général en chef; il lui dit qu'élevé parmi les Arabes, il connaissait leur langue, leurs mœurs et leurs usages; qu'il espérait les déterminer à traiter avec nous, que revêtu d'un manteau semblable au leur, il allait se rendre au milieu d'eux. On lui représenta que c'était s'exposer à un péril imminent. Il répondit avec beaucoup de simplicité qu'il était déjà vieux, que sa vie avait peu de valeur, qu'ayant reçu des Français une généreuse hospitalité, il aspirait depuis long-temps à leur prouver son dévouement et sa reconnaissance. Le général en chef consentit à le laisser partir : on sut plus tard que, trahi par des Arabes à qui il s'était confié, il avait été conduit à Alger et décapité par les ordres et sous les yeux du dey.

Le 18, on tirailla moins que les jours précédens. Pendant la soirée, plusieurs Arabes se présentèrent aux avant-postes de la brigade Monck d'Uzer. Un colloque s'établit entre eux et nos interprètes. Ils annoncèrent que les principaux contingens de la Régence se trouvaient en présence de l'armée française; que les beys de Constantine et de Tittery conduisaient les troupes levées dans leurs provinces; que celui d'Oran, déjà fort avancé en âge, n'avait point quitté sa résidence ordinaire; enfin que l'aga, époux d'une des filles du dey, avait le commandement de toutes les forces que son beau-père avait rassemblées. Les Arabes paraissaient croire que nous serions attaqués le lendemain.

Cet avis fut communiqué au général en chef, et transmis par lui aux commandans des divisions. Partout on était prêt à bien recevoir l'ennemi. Mais généralement une attaque vigoureuse était regardée comme peu vraisemblable. La nuit fut tranquille; mais au lever du soleil, tous les points de notre ligne furent attaqués à la fois. Des fantassins arabes, que conduisaient quelques cavaliers turcs, franchirent avec audace le ravin qui couvrait le front de la brigade Damremont; mais bientôt ils furent arrêtés par les retranchemens de nos avant-postes : leurs attaques, quoique vives, échouèrent contre ces obstacles, et ils se retirèrent après avoir éprouvé une perte assez considérable.

Une position favorable avait été assignée aux obusiers de montagne par le général Monck d'Uzer; leur feu acheva de porter l'épouvante parmi les assaillans : tous prirent la fuite et repassèrent le ravin. Poussés l'épée dans les reins, ils laissèrent sur les bords du ruisseau plus de cent cadavres. Nos soldats ne faisaient pas de quartier; la vue de plusieurs de leurs camarades tués par l'ennemi, et dont les corps étaient horriblement mutilés, avait porté au dernier degré leur exaspération : le dey donnait 5 piastres pour chaque tête de Français. Cette prime avait paru suffisante pour que tous nos prisonniers et nos morts fussent décapités.

Sur la gauche, l'action avait été plus vive encore. Quatre mille hommes de la milice turque s'élancèrent, les uns en tiraillant, les autres le sabre à la main, vers les retranchemens qui couvraient la première division. Plusieurs Turcs furent tués à coups de baïonnette sur les parapets de nos ouvrages. Les soldats du 37e combattirent corps à corps, et se couvrirent de gloire. Une circonstance fortuite fut sur le point d'être funeste à la brigade Clouet. Avant l'attaque, le 20e régiment et le 1er bataillon du 28e, qui occupaient dans les dunes une position très avancée, avaient reçu l'ordre de s'établir à quelques centaines de mètres plus en arrière. Le mouvement rétrograde avait commencé lorsque le bataillon du 28e fut assailli par une nuée de cavalerie et de fantassins ennemis; il fit halte dans une position moins avantageuse que celle qu'il avait quittée. L'ennemi montrait d'autant plus d'audace, qu'il s'était imaginé que nos troupes fuyaient devant lui. Il y eut un moment de désordre; mais bientôt nos soldats se rallièrent autour de leur drapeau, résolus à le défendre jusqu'à la mort. Dans ce moment quelques compagnies du 29e s'avancèrent à leur secours; deux pièces de canon, qui avaient été affectées à la brigade Clouet, tirèrent à mitraille, et leur feu, dirigé par le lieutenant Delamare, renversa un grand nombre d'assaillans. Le bataillon se reforma, prit l'offensive, et l'ennemi battu fut poursuivi jusqu'au-delà des dunes. Dans cette chaude affaire, le 28e eut quatre-vingts hommes mis hors de combat.

Repoussé à l'extrême gauche, l'ennemi l'avait été avec la même vigueur par le 14e régiment de ligne et la brigade Poret de Morvan. Électrisées par le succès, nos troupes brûlaient de prendre l'offensive. Il eût été difficile à leurs chefs de contenir cette ardeur; ils la dirigèrent. La première division s'ébranla, et deux batteries tombèrent en son pouvoir au moment où elles commençaient à tirer. L'ennemi, après une fuite précipitée, prit position à un quart de lieue en avant du camp que nous avions vu se former depuis le 14. Une batterie construite en arrière de celles dont nous nous étions emparés lui servait d'appui. Les troupes de la deuxième division n'étant point encore en vue de celles de la première, le général Berthezène crut devoir arrêter son mouvement offensif pour attendre des ordres.

Tous les jours précédens, le feu, très vif après le lever du soleil, s'était ralenti ensuite. Le général en chef avait cru d'abord qu'il en serait de même; les officiers d'état-major de la première division n'étant point encore montés, il ne connut que tard le véritable état des choses. A sept heures seulement il quitta le quartier-général, suivi d'un détachement de vingt-cinq chasseurs, la seule cavalerie qui fût alors disponible. Les troupes de la première division avaient déjà fait halte lorsqu'il arriva au milieu d'elles. Après s'être concerté avec le général Berthezène, il décida que l'on profiterait, pour attaquer le camp, de l'ardeur de nos soldats et de l'effroi de l'ennemi. L'ordre fut envoyé au général Loverdo d'accélérer la marche de ses deux brigades, dont la deuxième était encore fort en arrière de la division Berthezène. L'ennemi s'était montré en force vers l'extrémité de notre droite; la prudence exigeait qu'on l'observât de ce côté. Ce motif et les difficultés du terrain mettaient le général d'Uzer dans l'obligation de ne marcher qu'avec lenteur. Il dirigea ses obusiers de montagne vers la brigade Damremont, plus favorablement placée que la sienne pour s'en servir avec succès. Ce ne fut qu'avec d'incroyables efforts qu'on leur fit franchir le ravin, et qu'on les traîna sur le terrain accidenté qui se trouvait au-delà; les mulets destinés à les transporter n'étaient point encore débarqués. Nos canonniers, animés par leur brave chef le capitaine Lelièvre, surmontèrent tous les obstacles.

Cependant le 6e et le 49e, qui avaient précipité leur mouvement, se trouvaient à la hauteur de la brigade Poret de Morvan; le duc d'Escars et le général d'Arcine s'étaient mis en marche pour soutenir le mouvement offensif qui se préparait; le premier avec la partie de sa division qui campait hors de la presqu'île, le second avec les deux régimens de sa brigade. A neuf heures, l'ordre d'attaquer fut donné à la fois sur tous les points de la ligne; nos bataillons marchèrent en masse l'arme au bras; l'artillerie, malgré la roideur des pentes et les ravins qui les sillonnaient, suivit et devança même sur quelques points le mouvement de l'infanterie.

Des obus lancés avec une merveilleuse adresse sur les points où l'ennemi présentait des groupes nombreux, y firent beaucoup de mal et y causèrent encore plus de frayeur. La batterie algérienne tirait sans justesse et ne produisait aucun effet; dirigé même par de plus habiles canonniers, son feu n'aurait point ébranlé nos troupes; leur mouvement se fit avec un calme et un ordre admirables. L'ennemi n'attendit point le choc qui le menaçait; il s'enfuit vers son camp, et le traversa sans songer même à le défendre. Le 14e s'empara de la batterie, qu'armaient six bouches à feu. De l'emplacement qu'elle occupait, on découvrait le camp tout entier, dont les tentes dressées sans ordre occupaient un espace considérable. Nos soldats, qui brûlaient de se trouver au milieu de ces habitations africaines, franchirent rapidement l'espace qui les en séparait; tout annonçait que les Arabes et les Turcs étaient loin de prévoir leur défaite. Ils n'avaient songé ni à emporter ni à détruire leurs approvisionnemens; on trouva même des sommes d'argent considérables dans les tentes de plusieurs chefs; beaucoup de chameaux, des troupeaux de bœufs et de moutons avaient été abandonnés. La prise des chameaux surtout remplit les soldats d'allégresse.

A midi on avait cessé de combattre. La gauche de l'ennemi, poussée par la brigade d'Uzer, avait suivi le mouvement général de retraite, et des nuées de fuyards se montraient dans toutes les directions. On les suivit jusqu'à une demi-lieue du camp.

Sous les armes depuis la pointe du jour, les troupes françaises avaient besoin de repos; d'ailleurs le manque de cavalerie aurait rendu la poursuite infructueuse. Notre détachement de chasseurs était trop faible pour être entreprenant; pour peu qu'il eût cessé d'être protégé par l'infanterie, les cavaliers arabes qui couvraient la plaine se seraient réunis pour l'écraser.

Dans ce combat, comme dans ceux qui furent livrés par la suite, le nombre des prisonniers fut presque nul. On ne s'en étonnera point, si on considère la faiblesse de notre cavalerie, les inégalités de terrain qu'offrirent les champs de bataille, et surtout ce manque absolu d'organisation militaire qui donnait à la fuite des troupes ennemies une rapidité que ne pouvait égaler la marche de nos bataillons et de nos compagnies. On avait fait en Espagne une remarque semblable ; les guérillas étaient battus dans toutes les rencontres ; mais leurs morts et leurs blessés restaient seuls en notre pouvoir.

Dans son rapport sur le combat du 19, le général Berthezène fit une mention particulière de MM. les colonels d'infanterie Feuchère, Horric et Mounier, de M. le colonel d'état-major Brossard, de M. Tremeux, chef de bataillon du 37ᵉ ; Augis, chirurgien-major, et de la Fare, capitaine dans le même régiment ; Boré et Drogne, officiers du 2ᵉ de ligne ; Serviez, sous-lieutenant au 14ᵉ ; Hans, soldat du 2ᵉ léger ; Rousselin, voltigeur au 37ᵉ. Les militaires cités par M. le général Loverdo sont : MM. Jacobi, chef d'état-major ; Aupick, chef de bataillon, et Perrot, capitaine du même corps ; Riban, officier d'ordonnance ; MM. Leridant, Magnan et Mangin, colonels d'infanterie ; Boullé, lieutenant-colonel du 6ᵉ de ligne ; Blanchard, capitaine de voltigeurs dans le même régiment ; Delacroix, capitaine de voltigeurs au 49ᵉ ; Lévêque, lieutenant de voltigeurs du 15ᵉ de ligne ; du Chatellier, capitaine au 21ᵉ de ligne ; Cavagni, lieutenant au 29ᵉ.

Nous avons dit que le général en chef n'était

monté à cheval qu'à sept heures du matin. Les préventions dont il était l'objet donnèrent lieu à des récits inexacts; on prétendit qu'un sommeil profond l'avait tenu éloigné du champ de bataille, et que, lorsqu'il y était arrivé, l'armée avait déjà cessé de combattre. Les faits suivans pourraient être affirmés par de nombreux témoins. A cinq heures du matin, M. de Bourmont observait de son quartier-général ce qui se passait en avant. L'ordre d'attaquer le camp fut donné par lui, et ce ne fut que plus d'une heure après son arrivée sur le champ de bataille que cet ordre put être exécuté. On a fait connaître les circonstances qui avaient occasionné ce retard.

Dans le cours de sa carrière militaire, le général en chef avait donné de fréquentes preuves d'une bravoure remarquable, et, sous ce rapport, il n'a pas besoin d'apologiste; nous pensons toutefois qu'il regretta de n'avoir pas, dès le commencement de l'action, mieux apprécié son importance. Dans les combats qui suivirent, il parut au milieu des troupes avant que les premiers coups de fusil eussent été tirés.

Les approvisionnemens que l'on trouva dans le camp consistaient en orge, en pain, en beurre et en miel; l'orge était de la même espèce que celle du midi de la France. Nos soldats préféraient même le biscuit au pain d'Afrique, qui manque de consistance, et dont le goût est peu agréable pour les Européens. Le beurre est parmi les Arabes un mets très recherché; ils le mangent avec délice, même lorsque, devenu rance, il exhale une odeur fétide. Le miel nous a paru d'une saveur désagréable.

On avait cru que les chameaux seraient d'un grand secours pour les transports : cette attente fut déçue. Étrangers à la manière de conduire ces animaux et aux soins qu'ils exigent, nos soldats renoncèrent bientôt à s'en servir; la prise la plus importante fut celle des bestiaux. Depuis un mois les soldats n'avaient mangé que de la viande salée. Après l'affaire du 19, on fit presque tous les jours des distributions de viande fraîche. Quinze cents bœufs achetés en France et embarqués à Cette devaient suffire à la consommation de quarante jours. Cinq cents se trouvaient déjà dans la rade de Sidi-Ferruch. Les frais de toute espèce qu'exigeait leur transport triplaient le prix d'achat; on renonça par la suite à un moyen d'approvisionnement aussi dispendieux.

Quarante-quatre hommes de la division Berthezène, treize de la division Loverdo, restèrent sur le champ de bataille. Le nombre des blessés fut de trois cent quarante-quatre dans la première division, de cent dix-neuf dans la seconde; dix canonniers furent mis hors de combat.

Neuf pièces de canon et plusieurs drapeaux tombèrent en notre pouvoir.

Ceux qui ont pris part au combat du 19 ne s'accordent point sur la force de l'ennemi. Dépourvue de toute espèce d'organisation, une armée africaine ne présente point ces unités collectives dont la force facilement connue peut donner une idée assez exacte du nombre des combattans. S'il faut s'en rapporter à l'opinion des chefs de la milice et des consuls étrangers, le dey était parvenu à réunir plus de quarante mille hommes. Cette évaluation nous semble exagérée, et nous pensons que l'armée ennemie comptait à peine vingt-cinq mille combattans.

Dans le camp le nombre des tentes ne s'élevait qu'à deux cent soixante-dix; chacune pouvait abriter trente hommes. On sut depuis qu'elles étaient réservées presque exclusivement pour les Turcs et pour les chefs des tribus. Les Arabes bivouaquaient.

Parmi les tentes, il y en avait de remarquables; celle de l'aga, qui commandait en chef, avait quatorze mètres de longueur, sur six ou sept de largeur; tout l'intérieur était revêtu d'étoffes dont les ornemens ne manquaient pas d'élégance. Des rideaux la divisaient en plusieurs pièces. La tente du bey de Constantine n'était pas moins riche.

Les tentes furent partagées entre la première et la deuxième division, qui s'établirent sur le terrain d'où elles avaient chassé l'ennemi. Les deux premières brigades de la troisième division prirent position à une lieue en arrière. La troisième brigade continua de garder la presqu'île.

On trouva dans l'emplacement qu'occupait la première division un cimetière où étaient enterrés les Turcs et les Arabes qui avaient péri depuis le 14. Comme les peuples de l'antiquité, les Africains mettent un grand prix à ne pas laisser leurs morts ou leurs blessés sur le champ de bataille. Plusieurs hommes se réunissent pour porter chaque blessé. Les morts sont attachés avec des cordes et traînés par des chevaux.

Le camp occupait un vaste plateau, dont l'élévation moyenne au-dessus du niveau de la mer est de 150 mètres environ. Des sources sortent de plusieurs points, et leurs eaux réunies forment un ruisseau, qui se dirige vers la baie orientale de Sidi-Ferruch. A l'époque du combat, ces sources étaient encore assez abondantes; un mois après, elles avaient tari presque entièrement. Le sol paraît généralement propre aux céréales. On a lieu de croire qu'il produisait de riches moissons lorsque les blés de la Barbarie nourrissaient une partie des habitans de l'Europe. On a cessé peu à peu de le cultiver. Des broussailles croissent dans quelques parties ; mais, sur une étendue considérable, des palmiers nains sont les seuls végétaux que l'on rencontre.

Les arbres sont en petit nombre. Sur trois ou quatre points seulement, on aperçoit des figuiers d'une beauté remarquable et quelques palmiers. La brigade Monck d'Uzer avait dans sa marche traversé un bois d'orangers, au milieu duquel coule un ruisseau assez abondant, dont les eaux se dirigent vers le ravin en deçà duquel la deuxième division avait campé pendant plusieurs jours.

La flore du pays que l'on traverse depuis Sidi-Ferruch jusqu'à Alger, diffère peu de celle du midi de l'Espagne.

Il n'y a dans cette partie ni lions ni panthères. Les chacals y sont assez nombreux ; de nos camps, on les entendait hurler pendant la nuit.

Des singes se trouvent dans les broussailles. On pense qu'ils appartiennent à l'espèce *magot*, qui, originaire de Barbarie, s'est naturalisée dans les Algarves et sur les rochers de Gibraltar.

Il est vraisemblable que les sources que l'on trouve dans le lieu où le camp était établi y avaient souvent attiré les Arabes des tribus voisines. On crut d'abord que ce camp était le lieu désigné par Boutin sous le nom de *Staouëli*. Quelques jours après le combat, le témoignage de quelques Arabes et la comparaison des distances, firent naître quelques doutes, et on supposa que l'emplacement du camp était ce terrain que l'ingénieur français a appelé *les Tentes*. Quoi qu'il en soit, le nom de *Staouëli* a prévalu.

La victoire du 19 démentait beaucoup de sinistres prédictions. Ceux qui avaient exagéré les dangers de l'expédition changèrent alors de langage. Ils prétendirent que si, après avoir battu l'ennemi, on avait profité de son épouvante et qu'on l'eût poursuivi sans relâche, les vainqueurs seraient entrés dans Alger en même temps que les fuyards. Combien de places ont été prises ainsi ? Que de siéges au contraire ont eu des résultats désastreux, parce qu'on les avait entrepris sans les moyens nécessaires pour les pousser avec vigueur! L'armée d'Égypte était composée des meilleures troupes de la France; celui qui la commandait occupe le premier rang parmi les capitaines des temps modernes : cependant cette armée échoua devant Saint-Jean-d'Acre, parce qu'elle n'avait que de l'artillerie de campagne.

On a dit que le général Berthezène avait proposé, le 19, de marcher en avant. Cette assertion est inexacte, et lui-même l'a démentie formellement dans une lettre adressée au rédacteur du journal qui s'était servi de son nom [1]. Les argumens qu'il opposait à l'opinion du journaliste différaient peu de ceux que nous allons présenter.

Les bâtimens sur lesquels étaient embarqués tous les chevaux de l'artillerie de siége, les trois quarts de ceux de l'administration et les deux tiers de ceux du génie, n'étaient partis que le 18 de la baie de Palma. Retenus au large par des vents contraires ou des calmes, ils n'entrèrent que le 27 dans la baie de Sidi-Ferruch.

Des dix-huit cents chevaux que portaient les bâtimens-écuries de la deuxième section du convoi, moins de la moitié étaient débarqués le 20 au soir. Si, dès le 19, l'armée s'était portée sous les murs d'Alger, l'administration se serait trouvée hors d'état de pourvoir au transport des subsistances. Au-delà des positions que nous avions attaquées, l'état des routes ne lui aurait

[1] Sa lettre ne fut point insérée dans ce Journal.

pas permis de faire usage de ses voitures. Le même obstacle et le manque de chevaux se seraient opposés à la marche de l'artillerie de siége et des caissons du génie. Quelques pièces de campagne seulement auraient suivi le mouvement des troupes. Quel eût été alors le résultat d'une opération que, loin du théâtre de la guerre, quelques écrivains ont déclarée si facile? Après une vaine démonstration, l'armée manquant de vivres, d'outils, d'artillerie de siége, aurait été contrainte de se rapprocher du point de débarquement. Un temps précieux aurait été perdu pour les travaux de toute espèce qu'il était urgent d'exécuter. L'ennemi aurait repris de la confiance en même temps que nos troupes se seraient découragées. C'est alors que le chef aurait encouru un juste blâme. Dans une situation où le moindre accident pouvait avoir de si funestes conséquences, il fallait marcher à coup sûr, au risque de marcher moins rapidement.

L'armée, après avoir rempli en vingt jours sa glorieuse mission, pouvait-elle prévoir qu'on l'accuserait de trop de lenteur!

Ne se présenter devant le fort de l'Empereur que pour commencer le siége, tel était le but que l'on s'était proposé. Cependant, comme il était d'une grande importance que nos soldats demeurassent convaincus de leur supériorité, le général en chef avait décidé que toutes les fois que l'ennemi prendrait l'offensive, il serait attaqué à son tour; c'est ce qui eut lieu le 19 et le 24.

Nous pourrions ajouter que la prudence ne permettait point qu'on s'éloignât de la presqu'île avant qu'elle fût dans un état rassurant de défense, que les travaux ne furent terminés que le 21, et que le lendemain seulement l'amiral fit débarquer les marins qui devaient faire partie de la garnison.

Le temps fut mis à profit pendant les jours qui suivirent le 19. Des redoutes furent construites sur la route que devaient suivre nos moyens de transport. Cette disposition, une des plus utiles qui aient été prises pendant la campagne, permettait de ne donner aux convois que des escortes peu nombreuses. Des blockhaus, construits en France, étaient destinés à remplir le même objet que les redoutes; mais ils n'étaient point encore débarqués. Ce retard ne fut point un grave inconvénient. L'ennemi n'osa jamais attaquer nos redoutes. Défendues chacune par deux compagnies d'infanterie et par trois pièces de dix-huit ou de douze, elles lui parurent inexpugnables.

Avant la fin de juin, un des blockhaus fut établi sur le chemin de la presqu'île à Staouëli. On avait cru qu'étant à couvert, les hommes échapperaient, plus que dans les redoutes, aux maladies que devait produire la chaleur. Les faits furent contraires à cette opinion.

Après le combat de Staouëli, le général en chef demanda de l'avancement et des décorations pour les militaires des deux premières divisions qui s'étaient distingués tant dans ce combat que dans celui du 14. Les colonels proposés pour le grade de maréchal-de-camp furent MM. Léridant, Horric et Feuchères. On supposait que ces propositions seraient accueillies presque sans examen; notre attente fut trompée : lorsque la révolution éclata, aucune nomination n'avait encore eu lieu. Ce fait est d'autant plus difficile à expliquer que, prêt à s'engager dans une entreprise insensée, le gouvernement croyait trouver sa principale force dans les victoires de l'armée d'Afrique.

Dès le 19, la route était ouverte jusqu'à la ligne de nos postes avancés. Les jours suivans, on la prolongea jusqu'au-delà du camp de Staouëli. Sa largeur était de 6 mètres. Les rampes avaient peu de rapidité; mais, sur beaucoup de points, la nature sablonneuse du sol rendait le tirage difficile : aussi les voitures de l'administration ne franchissant que trois fois par jour la distance du camp de Sidi-Ferruch à celui de

Staouëli, suffisaient à peine à l'approvisionnement de la première et de la seconde division. Les subsistances de la troisième étaient transportées par des corvées.

Le débarquement du matériel avait continué de s'opérer. Le 22 juin, l'artillerie de siége et tout ce qu'on avait embarqué sur la première et la seconde section du convoi était rassemblé dans la presqu'île. Sans les circonstances qui retardèrent l'arrivée de la troisième section, l'opération aurait été entièrement terminée le 25. Ainsi l'opinion qu'avait émise le contre-amiral Mallet se trouva pleinement confirmée.

Les chasseurs à cheval qui étaient débarqués restèrent dans la presqu'île. On attendait, pour les envoyer au camp de Staouëli, que l'administration pût y faire transporter des fourrages.

Jusqu'alors, nos hôpitaux avaient suffi. Il n'y avait point de fiévreux. Les blessés du combat de Staouëli étaient les seuls malades qu'il y eût dans l'armée. Les officiers de santé étaient nombreux et zélés, les alimens de bonne qualité; malgré la chaleur du climat, les blessures se guérissaient promptement. Presque toutes les amputations réussirent: on avait fait la même remarque en Égypte.

Le 21, un nègre se présenta aux avant-postes.

Conduit chez le général en chef, il lui dit que plusieurs mois auparavant un Turc dont il était l'esclave lui avait coupé le poing pour le punir d'une faute légère : le désir de se venger l'avait déterminé à servir la cause des Français. Il se trouvait à Alger le 19 ; l'armée ennemie y était arrivée dans le plus grand désordre, et déjà les Arabes retournaient en grand nombre dans leurs foyers. On lui donna quelque argent, et il partit pour Alger, en promettant de venir rendre compte de ce qu'il aurait vu. Il tint parole, et retourna une seconde fois ; mais on ne le revit plus. Il est vraisemblable que son sort a été le même que celui de l'interprète.

On savait les Arabes avides d'argent. Après les avoir chassés à coups de canon, nous espérions les attirer par l'appât du gain. Des ordres furent donnés aux avant-postes pour qu'on évitât de tirer sur ceux qui s'approcheraient, pour qu'on cherchât à s'aboucher avec eux, et surtout pour que les bestiaux qu'ils nous conduiraient leur fussent payés largement. Le résultat ne répondit point à notre attente, et ce ne fut qu'après la prise d'Alger qu'ils montrèrent quelque confiance.

La troisième section du convoi était attendue avec une vive impatience. Le 22, quelques bâtimens qui en faisaient partie furent signalés ; des vents contraires les retenant au large, on essaya de faire remorquer par des bateaux à vapeur ceux qui portaient des chevaux; mais cette opération fut presque sans résultat. Il fallait chercher à amoindrir les inconvéniens de ce funeste retard. Le général La Hitte attachait avec raison une grande importance à rassembler dans le camp de Staouëli le matériel de siége nécessaire pour l'attaque du château de l'Empereur. Les chevaux du train des parcs n'étant point encore débarqués, il fit dételer une partie de l'artillerie de campagne, et les chevaux devenus disponibles servirent à transporter des pièces de siége, de la poudre et des projectiles.

Le 23, toute la troisième section du convoi était en vue. Une brise d'ouest et le courant, qui, sur la côte, règne constamment dans la même direction, l'avaient poussée vers l'est, et la tenaient à huit lieues du mouillage.

Un télégraphe établi sur la tour de Sidi-Ferruch communiquait avec *la Provence*, et transmettait rapidement au général en chef les nouvelles de mer. On en plaça un second sur l'emplacement de la batterie qui, le 19, défendait le camp ennemi; la transmission n'était point interrompue pendant la nuit. M. de Saint-Haouen, fils de l'inventeur, dirigeait cette partie du service avec beaucoup d'intelligence.

M. de Bourmont avait pensé que jusqu'à ce que le débarquement du matériel fût terminé, il devait, pour surveiller lui-même cette importante opération, ne pas s'éloigner de la presqu'île. Le 24, il alla de bonne heure visiter les avant-postes. A peine était-il arrivé au camp de Staouëli que l'on vit, tant dans la plaine qui se trouvait au-delà que sur la droite, quelques milliers de cavaliers et de fantassins s'avancer rapidement : bientôt des tirailleries s'engagèrent entre eux et nos postes avancés. Pour faire cesser ce genre de combat, dans lequel nos pertes étaient presque toujours égales ou même supérieures à celles de l'ennemi, le général en chef ordonna au général Berthezène de marcher avec ses trois brigades et une batterie de campagne, en suivant la route d'Alger. L'attaque de la droite fut confiée au général Damremont. Le général Loverdo resta dans le camp avec les deuxième et troisième brigades de sa division.

On envoya l'ordre au colonel Bontems Dubarri de partir de Sidi-Ferruch avec un escadron. Il ne put arriver que lorsque déjà l'ennemi était hors de la partie découverte du champ de bataille.

A peine les Turcs et les Arabes eurent-ils aperçu nos bataillons qui, comme le 19, s'avançaient en masse, que tout ce qu'ils avaient de forces en avant des quatre brigades se retira précipitamment; mais des groupes de cavaliers ennemis, qui se trouvaient à leur extrême gauche, ne suivirent pas ce mouvement de retraite. Le général Damremont les voyant se réunir, crut sa droite menacée, et forma en carrés les bataillons du 6e de ligne. Les cavaliers arabes, désespérant de les entamer, se dirigèrent vers le camp, qu'ils croyaient trouver dégarni de troupes; mais la bonne contenance de la brigade Monck d'Uzer, et les habiles dispositions de son chef, leur firent abandonner tout projet d'attaque. Ils s'éloignèrent, mais sans cesser d'être en vue. Les tribus dont ils faisaient partie habitaient les montagnes qui s'élèvent au sud de la Metidja. La facilité avec laquelle ils pouvaient se retirer vers cette plaine leur inspirait de la confiance. Aussi, jusqu'à la prise d'Alger, ils ne cessèrent pas de menacer nos communications.

Tranquille pour sa droite, le général Damremont suivit le mouvement de la division Berthezène. Le pays que traversèrent d'abord les quatre brigades était découvert et peu accidenté. Après une marche d'une heure, la première division franchit successivement deux petits cours d'eau qui coulent vers le nord, se réunissent à gauche de la route, et se jettent dans la baie orientale de Sidi-Ferruch, à une demi-lieue environ de l'embouchure du ruisseau de Staouëli. Sur le bord du premier cours d'eau, on trouve deux ou trois maisons presque ruinées, et des huttes construites en pierre et en terre glaise : c'est ce que l'on nomme *Sidi-Khalef*. Un monument funéraire et quelques autres fabriques s'élèvent près du second cours d'eau. Le lieu où on les voit est connu sous le nom de *Sidi-Benedi*. Un peu plus loin, des vergers se présentèrent. A quelque distance, les arbres dont ils étaient couverts leur donnaient l'aspect d'un vaste bois.

Le général en chef hésita un moment à donner l'ordre d'y pénétrer. Porter l'armée en avant, c'était accroître les difficultés du service des transports; mais une autre considération l'emporta. Il était vraisemblable que l'ennemi, battu et découragé, céderait sans beaucoup de résistance le terrain couvert que l'on avait à franchir. On pouvait craindre au contraire que si on le laissait s'y établir, il ne le défendît pied à pied, et ne nous en fît acheter chèrement l'occupation.

La première division se porta en avant. Les tirailleurs ennemis, quoique protégés par la hauteur et l'épaisseur des haies, n'osèrent s'arrêter nulle part; le terrain était peu accidenté, et, sous ce rapport, la marche des troupes n'éprouvait point d'obstacle. Les trois brigades du général Berthezène ne firent halte que lorsqu'elles eurent atteint les limites des vergers. Un intervalle de 6000 mètres seulement les séparait alors du fort de l'Empereur. Elles prirent position. Leur front était couvert par des ravins. Sur la berge opposée, l'ennemi avait formé, dans une maison de campagne, un grand approvisionnement de poudre. Craignant que l'armée française ne s'en emparât, il y mit le feu. Un nuage épais de fumée s'éleva dans les airs. La chaleur était vive, et le soleil brillait de l'éclat le plus pur. Frappé par ses rayons, le nuage offrit le même aspect qu'une éruption de cendres volcaniques. De toutes parts on entendait des exclamations sur la beauté de ce spectacle.

Dans les vergers que la brigade Damrémont avait eu à traverser, le terrain était montueux, et il fallait franchir des ravins d'une grande profondeur. Aussi de ce côté la résistance de l'ennemi fut-elle assez opiniâtre. Deux pièces qui marchaient avec la brigade n'auraient pu la suivre sans le zèle infatigable des cannoniers et sans l'expérience du colonel d'Esclaibes. Ce brave officier fut parfaitement secondé par le capitaine Bonet, qui eut un cheval tué sous lui.

Le colonel Magnan sut inspirer aux soldats du 49e l'ardeur dont lui-même se montra constamment animé. La vigueur et l'habileté du général Damremont eurent une grande influence sur le succès. Le soir, ses deux régimens s'établirent à droite de la division Berthezène.

La position qu'occupaient les quatre brigades fut désignée sous le nom de *Fontaine-Chapelle*. Les troupes y éprouvèrent des privations pendant les journées du 24 et du 25. Le combat avait commencé avant la distribution des vivres. Sur plusieurs points, la route étant presque impraticable pour les voitures, les transports de pain et de vin se firent avec beaucoup de lenteur et de difficulté. Heureusement, la viande abondait. On avait pris, le 24, trois ou quatre cents bœufs.

La perte de la division Berthezène fut presque nulle. Trente-sept hommes furent mis hors de combat dans la brigade Damremont; un fils du général en chef, lieutenant au 49e de ligne, reçut un coup de feu dans la poitrine. Voici de quelle manière son père rendit compte de cet événement, dans un rapport adressé au président du conseil :

« Un seul officier a été dangereusement blessé; « c'est le second des quatre fils qui m'ont suivi « en Afrique. J'ai l'espoir qu'il vivra pour conti- « nuer de servir avec dévouement le Roi et la « patrie. »

Le jeune Bourmont succomba, le 6 juillet, dans l'hôpital de Sidi-Ferruch. C'était un officier de beaucoup d'espérance. Armé d'un fusil, il se faisait distinguer au milieu des tirailleurs par sa bravoure et son adresse. Pendant quinze jours des plus cruelles souffrances, son courage ne se démentit pas un moment. Il était digne, sous tous les rapports, de l'intérêt que la nouvelle de sa blessure a excité en France, même parmi les ennemis de son père.

Quelques hommes isolés périrent sous les coups des cavaliers arabes qui étaient restés en observation sur la droite, et qui, vers la fin de la journée, s'avancèrent jusqu'à la route qu'avait suivie la brigade Damrémont. On sut le 26 que, parmi ces victimes d'une excessive confiance, se trouvait le lieutenant d'artillerie Amoros, fils du fondateur des écoles gymnastiques. Il avait demandé et obtenu l'autorisation de venir en Afrique pour diriger les soldats qui avaient été exercés dans le Gymnase de Paris. On avait supposé que dans quelques circonstances leur adresse pourrait être utile.

Pendant plusieurs jours, nous avions eu sous les yeux des champs incultes, sans arbres, sans habitations. Le terrain où campèrent les troupes qui avaient combattu le 24 présentait un aspect bien différent : des oliviers, des figuiers, des abricotiers, et d'autres arbres à fruit, y formaient des ombrages sous lesquels des tapis de verdure avaient conservé une partie de leur fraîcheur. Dans les lieux découverts, on avait planté des vignes ou semé des céréales. Des maisons s'élevaient çà et là. Au-dehors, elles présentaient des formes assez pittoresques; mais on ne trouvait dans l'intérieur de mobilier d'aucune espèce. Il y avait près de chaque habitation un puits dont la profondeur était peu considérable. Le manque d'eau se faisait encore moins sentir que dans le camp de Staouëli. Nos soldats virent avec une vive satisfaction ces campagnes, qui leur rappelaient les belles parties de la France. Après avoir déterminé l'emplacement des troupes dans la position de Fontaine-Chapelle, et placé en échelons le 28e régiment, le général en chef revint au camp de Staouëli, où il établit son quartier-général; il y trouva son fils blessé. Ce jeune homme, à l'aspect de son père, ne laissa échapper aucune plainte, et affecta une sécurité qu'il était loin d'éprouver.

Le 25 juin, l'ennemi lança une nuée de tirailleurs contre le front et les flancs de notre position. A la faveur des arbres, des buissons et des accidens de terrain, les Arabes se glissaient jusqu'à une petite distance de nos postes, et fuyaient après avoir tiré. Pendant la journée, près de deux cents hommes furent mis hors de combat dans les quatre brigades.

Le front de la position de Fontaine-Chapelle était couvert par deux vallons qui versent dans des directions opposées. Près de leur commune origine, le terrain est entièrement nu, et ne présente qu'une faible dépression. A mesure qu'on s'éloigne de cette origine, la profondeur devient plus considérable, les arbres et les buissons sont plus nombreux, les eaux du vallon de droite affluent vers un ruisseau tributaire de l'Arash, et que l'on nomme l'*Ouèt-Kerma*. Celles du vallon de gauche descendent vers la baie orientale de Sidi-Ferruch, et se jettent dans la mer, grossies par celles qui arrosent Sidi-Khalef et Sidi-Benedi. Au-delà des deux vallons et sur la gauche, on voyait le Boudjareah élevant sa cime au-dessus de la contrée environnante. En suivant les ravins qui sillonnent à l'ouest les flancs de cette montagne, les tirailleurs ennemis descendaient dans le vallon de gauche, débordaient notre ligne, et la fatiguaient de leur feu continuel.

La troisième division, qui n'avait pas combattu depuis l'ouverture de la campagne, brûlait d'avoir sa part dans les périls. Les représentations que fit à ce sujet le duc d'Escars déterminèrent le général en chef à lui donner l'ordre de quitter le 25 la presqu'île, de porter ses deux premières brigades à gauche de la position de Fontaine-Chapelle, et de laisser en arrière de cette position les 23e et 34e régimens de ligne, que commandait le général Montlivault. Ces deux corps devaient garder les communications de la première ligne avec le camp de Staouëli, et fournir des travailleurs, tant pour prolonger le chemin des voitures que pour construire les redoutes destinées à protéger nos convois.

Le départ de la troisième division aurait laissé sans défense le camp de Sidi-Ferruch, si la brigade Monck d'Uzer n'y était arrivée le 25 pour en former la garnison.

Les 6e et 49e régimens devaient retourner le 26 au camp de Staouëli, et être remplacés dans leur position par ceux que commandait le général Poret de Morvan. L'arrivée à Fontaine-Chapelle des brigades Bertier de Sauvigny et Hurel allait permettre au général Berthezène de faire opérer à toutes les troupes de sa division un mouvement vers la droite.

Le 25, un convoi de vivres partit de Staouëli pour Fontaine-Chapelle. Les mulets de bât qui avaient été débarqués jusqu'alors étant en petit nombre, il fallut se servir des voitures de l'administration, quoique le mauvais état des chemins rendît leur marche extrêmement difficile. Le convoi fut assailli par une nuée de cavaliers arabes, dans la plaine qui s'étend entre le camp de Staouëli et les vergers dont on a fait mention plus haut. L'approche des troupes de la troisième division, qui se dirigeaient vers Fontaine-Chapelle, détermina la fuite de l'ennemi. Au moment de l'attaque, les conducteurs de deux voitures chargées de pain avaient coupé les traits de leurs chevaux. Trompé par de fausses relations, le contre-amiral Martineng écrivit au ministre de la marine qu'un convoi avait été enlevé. Cette nouvelle et d'autres non moins sinistres jetèrent l'effroi dans plusieurs milliers de familles. On s'imagina en France, ou que les rapports officiels déguisaient la vérité, ou que le gouvernement ne faisait connaître au public que les événemens heureux.

La chaleur, quelques escarmouches et les précautions à prendre pour la sûreté des points les plus importans de notre ligne de communication, ralentirent la marche des brigades Bertier de Sauvigny et Hurel; la première n'arriva qu'à dix heures du soir dans la position qui lui avait été assignée. Le 28e venait de changer de position; ses postes, qui n'avaient été établis qu'après la fin du jour, et que cette circonstance disposait aux fausses alertes, firent feu sur le 17e, qui marchait en tête de sa brigade. On n'avait pu jusqu'alors détruire chez les soldats cette impatience de tirer que produit presque toujours l'inexpérience. Dans cette échauffourée, trois hommes périrent, onze furent blessés.

Les 6e et 49e régimens se mirent en marche le 26, au lever du soleil, pour retourner au camp de Staouëli. Leurs bataillons étaient formés en colonne et à demi-distance. Bientôt douze à quinze cents cavaliers arabes se montrèrent dans la plaine qu'ils avaient à traverser. Le général Damremont aurait pu éviter un engagement en se rapprochant de la route que la division Berthezène avait suivie le 24; mais il crut préférable de ne pas changer de direction, et de couvrir ainsi de plus loin la marche de nos convois. Les cavaliers ennemis, en montrant plus d'audace que les jours précédens, offrirent à nos troupes l'occasion d'observer leur manière de combattre. Ce fut surtout contre le flanc gauche de notre colonne qu'ils dirigèrent leurs efforts. Armés de fusils longs, et qui de loin ressemblaient à des lances, groupés sans ordre, ils s'animaient par des gestes et par des cris: puis, les plus braves s'élançaient au galop, en décrivant une courbe qui les rapprochait peu à peu du point qu'ils voulaient attaquer. Arrivés à très petite portée de fusil, ils faisaient feu, et leurs chevaux, toujours au galop, les ramenaient par une autre courbe vers le groupe dont ils s'étaient séparés. Là, ils rechargeaient leurs armes. On se contenta de leur opposer des détachemens de flanqueurs, et la brigade continua son mouvement. L'ennemi reconnut bientôt que la manœuvre que nous venons de décrire était sans résultat. Un effort tenté contre deux compagnies du 49e, qui formaient l'arrière-garde, lui parut offrir plus de chances de succès. Quelques centaines de cavaliers se réunirent, et se portèrent au galop vers ces compagnies. Le colonel Magnan se trouvait au milieu d'elles. Rassurés par leur chef, nos soldats tinrent ferme, et lorsque l'ennemi fut à vingt pas d'eux, un feu nourri l'arrêta et le mit en fuite. Plusieurs Arabes restèrent sur le champ de bataille; d'autres, qui avaient reçu des blessures, furent emportés par leurs chevaux dans différentes directions. Ce fut la dernière attaque que les deux régimens eurent à soutenir. Le but avait été atteint, et, pendant toute la journée, les communications de Staouëli avec Fontaine-Chapelle furent parfaitement libres.

Les deux premières brigades de la troisième division ayant pris position au milieu de l'obscurité, leur établissement n'avait pu être que provisoire. Le 26, le 2e régiment de marche et le 35e de ligne occupèrent l'espace qui les séparait de la division Berthezène. La brigade Hurel, qui vint les relever, se trouva placée à l'extrême gauche. Le col de partage des deux vallons dont on a fait mention plus haut, se trouvait en avant du front des deux brigades.

Pour éloigner de nos masses les tirailleurs ennemis, il fallait leur opposer d'autres tirailleurs. Ceux-ci étaient couverts par des retranchemens construits à la hâte, ou par des murs crénelés. Malgré ces précautions, notre perte fut considérable, surtout à la gauche, pendant la journée du 26. Cent soixante-huit hommes furent mis hors de combat dans les brigades Hurel et Bertier de Sauvigny : il y en eut soixante-dix environ dans la division Berthezène.

Les inconvéniens de la position de Fontaine-Chapelle et l'insuffisance de nos moyens de transport semblèrent prouver qu'il eût été prudent de s'arrêter à une moindre distance de Staouëli : un mouvement rétrograde serait devenu inévitable, si, jusqu'à la fin du mois, la troisième section du convoi avait été retenue au large; mais dès le 24, pendant le combat, les flammes des lances de nos chasseurs avaient signalé un changement favorable dans la direction du vent; il soufflait de l'est, mais avec peu de force. Le lendemain il avait fraîchi; et le 26 des bâtimens chargés de chevaux étaient entrés dans la baie. On eut alors la certitude que, dans peu de jours, le siége pourrait commencer. Cette heureuse circonstance fit concevoir au général en chef le projet d'attaquer le 27, et de se porter directement vers le château de l'Empereur. Les pertes que l'armée avait éprouvées le 25 et le 26 le faisaient surtout pencher vers ce parti. Il supposait que les Turcs et les Arabes étant refoulés dans la place, leur feu de mousqueterie serait moins meurtrier. On lui représenta que, pour donner une plus haute opinion de nos forces, il fallait, immédiatement après avoir chassé l'ennemi de ses positions, ouvrir la tranchée devant le fort; que le siége une fois commencé ne pouvait, sans de graves inconvéniens, être interrompu ou même ralenti; que tous les moyens nécessaires pour le pousser avec vigueur ne devant être réunis que le 29, il était convenable de ne prendre l'offensive qu'à cette époque, et de mettre à profit ce retard pour achever la construction et l'armement des redoutes destinées à protéger les convois. Ces considérations firent différer l'attaque.

M. de Bourmont, après avoir passé à Fontaine-Chapelle une partie de la journée du 26, retourna au camp de Staouëli, où se trouvait encore le quartier-général. Un Arabe l'y attendait ; il se disait cheick de la tribu de Béga, une des plus nombreuses de la Régence. Ses vêtemens étaient en lambeaux ; il déclara que, pour traverser l'armée algérienne et pénétrer jusqu'au camp des Français, il s'était déguisé en mendiant ; que son principal but était de connaître les intentions du général en chef relativement à la religion musulmane ; que si nous étions décidés à la respecter, tous les Arabes de sa tribu deviendraient pour nous des alliés fidèles. Ses traits étaient extrêmement remarquables. D'après la forme de son front, le docteur Gall l'aurait regardé comme doué du plus haut degré d'intelligence. La gravité de son langage et de son maintien disposait à la confiance. Ses idées religieuses paraissaient fort exaltées, et il croyait devoir s'imposer même l'abstinence du café, cette liqueur qui a tant d'attrait pour ses compatriotes. On lui répondit que la tolérance de toutes les religions était un principe consacré par nos lois; qu'en Égypte jamais un musulman n'avait été troublé par les Français dans l'exercice de son culte; qu'il en serait de même dans la Régence. Il parut rassuré par nos promesses, et témoigna le désir de retourner auprès de sa tribu pour la déterminer à embrasser notre cause; mais croyant ne pouvoir reparaître au milieu des troupes du dey sans exciter de violens soupçons, il demanda qu'on le conduisît par mer sur un point de la côte peu éloigné de Bugia; de là il devait se rendre en quelques heures auprès de sa tribu. On le fit partir pour Sidi-Ferruch, et l'amiral donna des ordres pour qu'il fût embarqué sur un brig de l'armée navale, et mis à terre dans le lieu qu'il désignerait. Son retour ne fut pas suivi de l'acte de soumission qu'il avait annoncé : cependant, après la prise d'Alger, quelques indices firent supposer que sa tribu était en guerre avec le bey de Constantine.

L'armement des ouvrages de la presqu'île s'était fait avec plus de lenteur qu'on ne l'avait supposé. Il ne fut terminé que le 26. Quinze cents marins seulement, au lieu de trois mille qui avaient eu d'abord cette destination, devaient garder la presqu'île. Avant que le capitaine de vaisseau Hugon prît le commandement qui lui avait été réservé, l'amiral imposa une condition : c'est que la garnison serait forte de cinq mille hommes. M. de Bourmont ayant décidé qu'on ne laisserait à Sidi-Ferruch qu'un bataillon d'infanterie et de faibles détachemens de cavalerie, d'artillerie et du génie, il fallut désigner un autre commandant de place; on fit choix du colonel

Leridant. Les qualités militaires et la loyauté du capitaine Hugon étaient appréciées dans l'armée de terre. On y apprit, avec de vifs regrets, qu'il ne remplirait pas les fonctions auxquelles on l'avait cru appelé.

Pendant la nuit du 26 au 27, un coup de vent d'une extrême violence avait jeté plusieurs navires à la côte; le péril fut aussi grand que le 16. Lorsque la tempête éclata, les chevaux que portaient les bâtimens-écuries de la troisième section du convoi étaient déjà en sûreté; ils avaient été débarqués le 26. Dès le lendemain on en mit un grand nombre à la disposition de l'artillerie, du génie et de l'administration. Dès lors le service des transports se fit avec une extrême activité jusqu'à Fontaine-Chapelle. Le chemin avait été rendu facilement praticable pour les voitures. Trois nouvelles redoutes étaient construites; on les arma le 27. Une maison en maçonnerie, qui se trouvait près de la route, fut mise en état de défense.

Les Algériens avaient conduit dans la position qu'ils occupaient en avant de Fontaine-Chapelle, des pièces de différens calibres. Pendant la journée du 27, un boulet atteignit M. Borne, chef de bataillon d'état-major, et lui emporta le bras gauche. Conduit à l'hôpital de Sidi-Ferruch, il y mourut peu de jours après. Son caractère loyal et ses qualités militaires le firent vivement regretter.

Ce fut contre les 17e et 30e régimens de ligne que l'ennemi dirigea ses plus grands efforts. Une maison que le général Hurel avait fait occuper et créneler en avant du front de sa brigade fut vivement attaquée le jour où M. Borne reçut une blessure mortelle. Une compagnie du 30e, que commandait le capitaine Dautun, la défendit avec la plus grande vigueur, et repoussa les assaillans. Le capitaine Bourgeois, à la tête d'une autre compagnie du même régiment, chassa les tirailleurs ennemis d'une maison dans laquelle ils s'étaient logés.

Le nombre des hommes atteints par la mousqueterie fut aussi considérable le 27 que le jour précédent; dix-sept cents hommes environ avaient été tués ou blessés dans les combats livrés depuis l'ouverture de la campagne. Les opérations ultérieures paraissaient devoir être plus meurtrières encore. On avait espéré jusqu'alors que les détachemens venus des petits dépôts de Toulon et de Marseille répareraient les pertes au moins en partie; mais les hommes valides qui se trouvaient dans ces dépôts ayant été envoyés aux troisièmes bataillons de leurs régimens, M. de Bourmont crut devoir appeler en Afrique la première brigade de la division de réserve : la chute, plus rapide qu'on ne l'avait présumé, du château de l'Empereur, fit révoquer cette disposition. Le contre-ordre parvint à Toulon au moment où les troupes commençaient à s'embarquer.

Pendant la journée du 28, le feu s'engagea sur tout le développement de la ligne. Le bataillon du 2e léger, l'un de ceux dont se composait le 1er régiment de marche, était campé à l'extrême droite de la position de Fontaine-Chapelle. En avant, et sur la droite, le terrain était fortement accidenté. L'ennemi le franchit sans être découvert. Surpris par une attaque aussi vive qu'inattendue, le bataillon ne pouvait se former qu'après avoir exécuté un mouvement rétrograde : ce mouvement se fit avec quelque désordre, et cinquante à soixante hommes furent mis hors de combat. Le succès des Arabes ne fut pas de longue durée; les trois autres bataillons de la brigade Poret de Morvan coururent aux armes, chargèrent l'ennemi avec une grande vigueur, et le mirent en déroute. A la gauche, la compagnie de grenadiers du premier bataillon du 35e avait été détachée comme poste d'observation en avant des deux brigades de la division d'Escars. Le tracé vicieux d'un retranchement dans lequel elle s'était logée la laissait en prise au feu des tirailleurs ennemis.

Forcée de l'abandonner, et vivement attaquée pendant son mouvement rétrograde, elle fut soutenue par les autres compagnies du bataillon, à la tête desquelles marchait le brave colonel Rulhière. On combattit de part et d'autre avec une grande valeur : l'ennemi fut repoussé, mais le 35e acheta chèrement ce succès : il eut quatre-vingts hommes mis hors de combat.

Les cinq brigades qui se trouvaient en première ligne brûlaient de prendre l'offensive. Depuis le 25, leur constance avait été mise à la plus forte épreuve : tous les jours, depuis le lever jusqu'au coucher du soleil, le feu ne discontinuait pas sur notre front et sur nos flancs; c'était à la gauche que l'ennemi montrait le plus d'audace; mais l'expérience et le sang-froid du maréchal-de-camp Hurel rendaient ses efforts infructueux. Cet officier-général avait appris en Égypte à combattre les Africains : pleins de confiance en lui, animés par son exemple, les officiers et les soldats des 17e et 30e régimens d'infanterie de ligne montraient une fermeté inébranlable.

Dès le 28, M. de Bourmont transféra son quartier-général à Fontaine-Chapelle. Le général Monck d'Uzer arriva le même jour au camp de Staouëli avec le 15e de ligne et le premier bataillon du 48e. Le deuxième bataillon de ce dernier régiment était resté à Sidi-Ferruch. On chargea le général d'Uzer d'assurer la communication entre la presqu'île et le camp qu'occupait sa brigade.

Le général Loverdo reçut l'ordre de se porter en première ligne avec la première et la troisième brigade de sa division. Ces troupes, pour éviter la plus grande chaleur du jour, ne se mirent en route qu'à plus de quatre heures après midi. Il était déjà nuit lorsqu'elles arrivèrent dans l'emplacement qui leur avait été assigné. M. de Bourmont reconnut, pendant la soirée du 28, la position qu'occupaient les deux premières brigades de la troisième division, près de l'origine des deux ravins qui, comme on l'a dit plus haut, versent dans des directions opposées. Le terrain qu'il fallait franchir pour aborder l'ennemi présentait peu d'obstacles, et tout faisait présumer que là seraient portés les premiers coups. On ne pouvait enlever aux troupes commandées par le duc d'Escars l'honneur d'attaquer l'ennemi en avant du terrain que pendant trois jours elles avaient si vaillamment défendu. Il fut décidé en conséquence qu'au moment de l'attaque les brigades Hurel et Bertier formeraient la gauche, et qu'au centre et à la droite, les première et troisième brigades de la division Loverdo, les première et deuxième brigades de la division Berthezène, marcheraient suivant leur ordre de bataille. La brigade Poret de Morvan devait garder, dans la position de Fontaine-Chapelle, le parc d'artillerie de siége. Les 23e et 34e de ligne furent disposés par échelons entre cette position et le camp de Staouëli.

On savait que le terrain compris entre les deux vallons et la place présentait des accidens aussi prononcés que ceux des pays de montagne, et que le bois et les haies dont il était couvert sur une grande partie de sa surface, pouvaient, en bornant la vue, donner lieu à des méprises. La carte de Boutin, faite en grande partie à l'aide de souvenirs, n'inspirait qu'une faible confiance. Il n'y avait pas, comme en Europe, d'habitans qui pussent servir de guides; deux ou trois interprètes, qui avaient passé à Alger plusieurs années, se déclaraient incapables de nous diriger dans les environs de cette ville. Aussi verra-t-on qu'il y eut, pendant la journée du 29, de l'incertitude dans les marches.

Le chemin qui va de Staouëli à Fontaine-Chapelle semblait devoir, en se prolongeant, conduire au château de l'Empereur. Le général en chef prescrivit au général Loverdo de le suivre avec ses deux brigades. Toutes les troupes devaient, après avoir chassé l'ennemi de ses positions, se porter vers le fort. Quant aux dispositions ultérieures, M. de Bourmont crut devoir attendre qu'il eût lui-même reconnu le terrain.

Les jours voisins du solstice d'été sont sensiblement moins longs sur la côte d'Afrique que dans le nord de la France. Lorsque les troupes s'ébranlèrent à trois heures du matin, on ne distinguait encore les objets qu'à une faible distance. Les brigades de la troisième division, ainsi qu'on l'avait prévu, ne tardèrent pas à rencontrer l'ennemi. L'immobilité à laquelle nos troupes avaient été condamnées pendant plusieurs jours rendait plus vive encore leur ardeur accoutumée. Quelques momens suffirent pour décider la victoire. Les Turcs et les Arabes furent mis en déroute, et laissèrent en notre pouvoir six bouches à feu. Aucune résistance n'arrêta la marche des divisions Berthezène et Loverdo. La direction que suivait la première l'aurait conduite par une pente rapide vers la rade d'Alger, et loin du fort de l'Empereur : elle aurait eu à parcourir un terrain sillonné par des ravins profonds et hérissé d'obstacles de toute espèce. Le général en chef donna au général Berthezène l'ordre de ne pas se porter plus en avant. La brigade Achard fut dirigée vers le Boudjareah, dont le commandement sur tout le pays environnant semblait rendre l'occupation nécessaire. La brigade Clouet resta en réserve.

Les deux brigades de la deuxième division avaient continué de marcher vers le château de l'Empereur; mais les arbres et les plis de terrain ne permettaient pas de le découvrir. La mer se montrait quelquefois dans le prolongement de la direction qu'elles suivaient. Craignant que cette direction ne les éloignât du but, M. de Bourmont prit le parti de suspendre leur mouvement, jusqu'à ce que s'étant porté lui-même vers la gauche, il eut une connaissance exacte, et de ce qui s'y passait et de la position du fort. Les brigades de la division d'Escars venaient de faire halte, lorsqu'il les rencontra. Ayant, du lieu qu'elles occupaient, aperçu le château de l'Empereur, il pensa que le moment était venu de faire marcher vers cette forteresse les troupes des deuxième et troisième divisions. Il donna lui-même ses instructions au duc d'Escars. Le général Tholosé fut envoyé auprès du général Loverdo, pour lui porter l'ordre du mouvement, et pour en presser l'exécution. Il y eut une assez longue hésitation sur la direction que devaient prendre les brigades Damremont et d'Arcine. L'avis qui prévalut les jeta dans des ravins où elles éprouvèrent d'incroyables fatigues. On ne pouvait éviter cet inconvénient pour peu qu'on s'écartât soit à droite soit à gauche de la véritable route. Harcelées pendant leur marche par les tirailleurs ennemis, les deux brigades eurent trente ou trente-cinq hommes mis hors de combat. Cette méprise, facile à concevoir pour ceux qui connaissent les lieux, retarda de quelques heures le moment où elles devaient se trouver en face du fort.

Lorsque le duc d'Escars se mit en marche, une lieue seulement à vol d'oiseau le séparait de la position vers laquelle il devait se diriger; mais ayant eu plusieurs ravins à franchir, les troupes sous ses ordres n'arrivèrent dans cette position qu'après une marche aussi longue que pénible. On compta dans les brigades Hurel et Bertier vingt-cinq hommes tués ou blessés.

Le général Berthezène avait fait occuper, sur le mont Boudjareah, les points les plus importans, et entre autres celui de la vigie d'où on se proposait de faire des signaux à l'armée navale. Des reconnaissances se firent dans plusieurs directions, et pour la première fois depuis que nous étions en Afrique on rencontra des habitans. Chassées d'Alger par le dey, beaucoup de familles juives s'étaient réfugiées dans des maisons de campagne situées sur les flancs de la montagne. L'aspect des troupes françaises leur inspira d'abord de l'effroi; mais on parvint à les rassurer, et quelques centaines d'individus de tout âge et de tout sexe cherchèrent un asile au milieu de nos troupes. Parmi les femmes, plusieurs avaient les traits nobles et réguliers; les alarmes et les espérances qu'elles éprouvaient alternativement pour elles et pour leurs enfans donnaient à leur physionomie une expression qui rappelait les scènes poétiques du Poussin. Nos soldats parurent touchés de ce spectacle. Un juif algérien, qui parlait le français avec facilité, fut auprès du général en chef l'interprète de ses co-religionnaires; on le chargea de leur donner l'assurance qu'ils trouveraient auprès de nous protection et sûreté. Son nom était *Durand;* il avait long-temps rempli auprès du dey les fonctions de drogman. Plusieurs voyages faits en Europe, et la connaissance qu'il avait de nos usages, le rendaient propre au rôle de négociateur; on reçut de lui beaucoup de renseignemens utiles.

La plupart des consuls étrangers s'étaient réunis avec leurs familles dans la maison de campagne du consul américain; cette maison était peu éloignée de la position qu'occupait la brigade Achard: on y envoya une sauvegarde.

A midi, le général en chef, accompagné de son état-major, se porta vers un plateau situé en avant du fort de l'Empereur, et désigné par le colonel Boutin comme l'emplacement le plus favorable pour l'ouverture de la tranchée. Au lieu des brigades Damremont et d'Arcine, il n'y trouva que quatre pièces de campagne, un bataillon du 49e et une compagnie de sapeurs; quoique formant d'abord l'arrière-garde de la deuxième division, ce détachement, par suite de la méprise qu'on a indiquée plus haut, faisait tête de colonne. M. Apchié, qui le commandait, avait placé l'artillerie et les troupes de manière qu'elles ne fussent point en prise au feu du château.

La gauche de l'ennemi, qui avait une retraite facile vers la route de Constantine, n'avait pas suivi le mouvement du centre et de la droite, que notre attaque refoulait vers Alger. Le feu de ses tirailleurs, pendant toute la journée du 29, inquiéta vivement la brigade Poret de Morvan, dans la position de Fontaine-Chapelle. Placés derrière une vieille fabrique dont les murs leur servaient de parapet, des Arabes blessèrent cinq ou six soldats du 3e de ligne. Pour prévenir une perte plus considérable, le colonel Roussel donna l'ordre au lieutenant de grenadiers Bouat de marcher à l'ennemi avec quinze hommes de sa compagnie; le capitaine Gallois et le lieutenant aide-major Charles de Bourmont, se joignirent à ce faible détachement. Les Arabes continuèrent leur feu, et M. Bouat eut l'épaule droite traversée par une balle; son sabre lui ayant échappé, il le saisit de la main gauche, et se porta en avant. Le capitaine Gallois, après avoir déchargé ses pistolets presqu'à bout portant, fut renversé d'un coup de crosse. Un Arabe se précipitait sur lui lorsque le grenadier Sauvadot vint à son secours. Attaqué par plusieurs fantassins, ce brave soldat en tua deux avec sa baïonnette, et reçut lui-même plusieurs coups de sabre. L'ardeur qui animait nos troupes rendait fréquens ces traits de bravoure. . . . .

A la fin de la journée du 29, les troupes des deuxième et troisième divisions s'établirent provisoirement. Quoiqu'elles fussent accablées de fatigue, on ne renonça point au projet d'ouvrir la tranchée pendant la nuit suivante; six cents travailleurs furent commandés, et on destina deux bataillons à former la garde de la tranchée. . . . .

Le chef de bataillon du génie Vaillant reçut l'ordre de déloger les Turcs de quelques maisons qu'ils occupaient encore, à la fin du jour, sur le terrain des approches. Des grenadiers et des voltigeurs de la brigade Damremont furent mis à sa disposition pour cette attaque; l'ennemi n'opposa aucune résistance, et le général Valazé profita de sa retraite pour reconnaître le terrain. Déjà la nuit approchait; la courte durée du crépuscule dans les contrées méridionales ne permit pas de compléter cette reconnaissance.

Le général en chef, dès le 29, établit son quartier-général dans une maison de campagne située à 2000 mètres du fort de l'Empereur ; le terrain environnant est une espèce de plateau large d'une demi-lieue environ, ayant pour limites, à gauche un ravin profond, à droite une pente qui se prolonge jusqu'à la mer. De nombreuses maisons de campagne, et les jardins qui les entourent, donnent au pays un aspect riant ; parmi les arbres qui ornent ces jardins, on remarque des orangers et quelques vernis du Japon d'une rare beauté. L'aloès et le figuier de Barbarie forment des haies difficiles à franchir. Des puits et des aquéducs servent à l'arrosage ; la forme variée des habitations, l'éclatante blancheur de leurs murs, contribuent à embellir le paysage.

Le nombre des maisons de campagne que l'on trouve près d'Alger, jusqu'à une distance de deux lieues, s'élève à près de mille. On s'étonne de trouver chez un peuple de pirates le goût de la vie des champs, qui est presque inconnu en Espagne et dans l'Italie méridionale.

Quelques renseignemens sur la place dont on allait former le siége, sur les forts et sur le pays environnant, rendront plus clair le récit des événemens ultérieurs.

L'enceinte triangulaire d'Alger a un développement de 3,000 mètres environ. Le front de mer, plus étendu que chacun des deux autres, regarde l'orient. Les deux autres fronts sont tournés l'un vers le nord-ouest, l'autre vers le sud-ouest. Le point où ils se réunissent, qui est le plus élevé de l'enceinte, se trouve à 124 mètres au-dessus du niveau de la mer. En comparant ce nombre à la longueur des côtés du triangle, on peut apprécier la rapide inclinaison du sol; elle est telle, que, dans les rues qui sont dirigées suivant les lignes de plus grande pente, il a fallu pratiquer des marches.

Sur les fronts nord-ouest et sud-ouest, l'enceinte consiste en un mur qui n'est point bastionné, et dont le pied n'est défendu que par des flancs extrêmement courts. Il n'y a d'artillerie que sur un petit nombre de points; les remparts ont trop peu de largeur pour qu'on puisse en établir. Dans plusieurs parties même, des maisons adossées aux revêtemens ne laissent pas l'emplacement nécessaire pour les fusiliers. Sur le front sud-ouest, on remarque en avant de l'enceinte une forte dépression qui ne paraît pas être entièrement l'ouvrage des hommes, et à laquelle un mur parallèle à celui de la place donne l'aspect d'un fossé. L'autre front est couvert sur presque tout son développement par un ravin très prononcé.

Du côté de la mer, l'enceinte n'est presque partout qu'un simple mur. Le port ou la darse est formé par un môle qui joint au continent la petite île à laquelle Alger paraît devoir son nom; une chaîne en ferme l'entrée. Plusieurs des batteries établies dans l'île sont casematées et disposées sur différens étages.

Au sommet de l'angle que forment les deux fronts de terre, on a construit une espèce de citadelle dont les murs sont plus élevés que ceux de la place; elle est connue sous le nom de *Casauba*, qui en arabe signifie forteresse. C'est un ouvrage de forme triangulaire, dans lequel les côtés qui regardent la campagne se trouvent dans le prolongement de l'enceinte de la ville. Sur le front qui le sépare d'Alger, des maisons construites au pied des murailles auraient permis qu'on attachât le mineur sans péril et sans difficulté.

C'est dans la Casauba que le dey avait fixé sa résidence.

Alger a cinq portes : deux sont ouvertes sur le front de mer; deux autres se trouvent aux extrémités inférieures des fronts de terre.

Celle du front sud-ouest se nomme *Babazoun*,

ou porte d'*Azoun*; l'autre est connue sous le nom de *Babaloucte*, ou porte d'*Eau*, qu'elle tire d'un ruisseau qui se jette dans la mer à 200 mètres en avant; il n'est à sec dans aucune saison de l'année. Ses eaux descendent des ravins que les troupes des deuxième et troisième divisions traversèrent le 29 avec tant de fatigues.

La cinquième porte est comprise dans le même front que la porte *Babazoun*, et se trouve à 120 mètres environ de la Casauba; on la nomme *Porte Neuve*. En avant de la Casauba, et à peu près dans la même direction que la route d'Alger à Sidi-Ferruch, s'étend une chaîne de monticules d'autant plus élevés que leur distance à la place est plus considérable. A droite de la ligne qui forme le faîte de cette petite chaîne, les eaux affluent vers le ruisseau qui donne son nom à la porte Babaloucte. A gauche, elles se dirigent vers la rade ou vers l'Harash. C'est sur l'un de ces monticules qu'en 1541 Charles-Quint établit son quartier. On y a bâti depuis lors une forteresse dont le nom (*château de l'Empereur*) rappelle l'événement que nous venons de citer. Elle est assise sur le roc; sa forme est à peu près rectangulaire; les grands côtés du rectangle ont 150 mètres, les petits 100 mètres de longueur; la hauteur moyenne des revêtemens est de 9 mètres; aux quatre angles s'élèvent des bastions peu spacieux et d'un tracé irrégulier. Les revêtemens et les parapets de ces bastions, et des courtines qui les joignent, sont construits en pisé recouvert de maçonnerie. Il n'y a point de fossés; mais en avant du front nord-ouest, celui contre lequel l'attaque semblait devoir particulièrement se diriger, le roc présente une forte excavation. Une tour construite dans l'intérieur formait une espèce de réduit.

L'élévation du fort au-dessus du niveau de la mer est de 230 mètres. Sur un mamelon peu éloigné de la ligne qui joint la tour et l'angle saillant de la Casauba, on voyait autrefois un petit fort auquel son tracé avait fait donner le nom d'*Étoile*. Il est détruit depuis long-temps, et ses ruines même ont disparu.

Trois maisons de campagne qu'habitaient avant le siége les consuls de Suède, d'Espagne et des Pays-Bas, sont situées à des distances du château de l'Empereur, qui varient de 8 à 1100 mètres. La dernière se trouve à gauche du chemin qui va de Staouëli à Alger. A droite du même chemin, on aperçoit la maison consulaire d'Espagne. Le contrefort sur lequel on l'a construite sépare deux ravins à berges abruptes, qui débouchent vers la rade. La maison du consul de Suède est située à l'extrémité du même contrefort. Parmi les habitations des environs d'Alger, c'est une des plus agréablement situées.

Deux forts s'élèvent sur les bords de la mer, l'un près de la porte Babalpucte, l'autre à 300 mètres de la porte Babazoun : le premier se nomme *Fort Neuf*, le second *Fort Babazoun*. Leur principal objet est d'éloigner les bâtimens ennemis. Le fort Babazoun est plus spacieux, plus solide et plus régulier que le fort Neuf. Ils étaient armés, le premier de quarante-huit bouches à feu, le second de trente-six.

Si, à partir de chacun des forts, on suit le rivage en s'éloignant de la ville, on rencontre d'autres forts ou batteries dont une carte fera connaître l'emplacement avec plus d'exactitude que la description même la plus détaillée.

Depuis long-temps les transports ne se font dans le territoire de la Régence qu'avec des bêtes de somme. Il n'en était pas de même sous la domination romaine. Plusieurs chemins praticables aux voitures liaient entre elles les villes les plus peuplées. Il en reste encore des vestiges remarquables. Parmi les routes qui partent d'Alger, les plus fréquentées sont celles qui conduisent à Sidi-Ferruch par Staouëli, à Constantine et à Belida. La première est assez large jusqu'à Staouëli; au-delà elle devient vague, et se perd en un grand nombre de sentiers étroits,

Elle a son origine à la porte Neuve. La porte Babazoun est le point de départ des chemins de Constantine et de Belida. Réunis d'abord ils suivent le rivage jusqu'à une demi-lieue d'Alger. Le premier rencontre l'Harash à une demi-lieue environ au-dessus de son embouchure ; on passe cette rivière sur un pont en maçonnerie ; un peu au-delà du pont, et sur la gauche du chemin, s'élève un vaste bâtiment qui sert de caravanserai.

Le chemin de Belida, après s'être séparé de celui de Constantine, prend une direction à peu près perpendiculaire au littoral ; une pente longue, rapide et sinueuse conduit vers la crête des hauteurs qui dominent la rade. Entre les deux chemins se trouvent les jardins les plus fertiles et les mieux cultivés des environs d'Alger. Ils produisent beaucoup de légumes et de fruits. Des haies épaisses, des arbres et des fossés y donneraient de l'avantage à la défense. Lorsqu'en 1775, les troupes espagnoles, commandées par le comte Oreilly, eurent effectué leur débarquement, elles pénétrèrent dans ces jardins. En butte à un feu très vif, sans apercevoir leurs ennemis, elles perdirent courage, et se rembarquèrent après avoir laissé sur le champ de bataille plus de monde que la conquête d'Alger n'en a coûté à l'armée française.

On peut aller de Sidi-Ferruch à Alger par un autre chemin que celui qu'avait suivi l'armée; praticable aux voitures jusqu'à une petite lieue d'Alger, ce chemin n'est plus au-delà qu'un sentier étroit et difficile même pour les hommes et les chevaux. En le suivant, on passe, à un quart de lieue d'Alger, entre la maison de campagne du dey, dont les bâtimens sont considérables, et un petit fort connu sous le nom de *Fort des Anglais*. En dehors de la ville, des chemins parallèles à l'enceinte établissent une communication facile entre la porte Neuve et les portes Babazoun et Babaloucte. Il serait trop long de décrire les sentiers qui traversent l'espace occupé par les jardins.

Des fontaines arrosent la ville et les principales maisons de campagne; quatre aquéducs les alimentent: celui qui a le plus de développement prend naissance sur la rive droite de l'Harash. Le pont en maçonnerie sur lequel on passe cette rivière lui sert de support; ses eaux se versent dans de grands réservoirs que l'on trouve sur la plage orientale, et dont l'objet était de pourvoir aux besoins de la marine.

Des canaux conduisent dans la maison de campagne du dey et dans le quartier d'Alger le plus voisin de la porte Babaloucte une partie du ruisseau qui coule en avant de cette porte.

Un aquéduc recueille les eaux qui prennent leur source sur les hauteurs voisines du fort Babazoun, et les porte à la maison de campagne de Mustapha-Pacha. Cette habitation est la plus considérable des environs d'Alger; les jardins sont vastes. Le dey qui les a plantés, et dont ils conservent le nom, a péri dans une émeute.

Enfin, les eaux qui jaillissent dans la Casauba, dans la partie élevée de la ville et près du chemin qui mène de la porte Neuve au château de l'Empereur, sortent d'un aquéduc dont le développement est de deux lieues environ, et qui a son origine au nord-ouest d'Alger.

Des tuyaux en terre cuite servent de conduits; leur peu de solidité rend les réparations fréquentes, mais ces réparations sont faciles et peu coûteuses. Des Maures intelligens veillent sur cette partie importante du service public.

Pendant la nuit du 29 au 30, on ouvrit la tranchée sur un développement de 1000 mètres environ; mais l'extrême fatigue que les troupes avaient éprouvée dans la marche du jour précédent ne permit pas que les travaux fussent poussés avec une grande activité; sur plusieurs points, d'ailleurs, la dureté du sol, qui faisait feu sous la pioche, rendait les excavations lentes et difficiles. Une communication couverte lia entre elles les maisons dont on s'était emparé, et servit de première parallèle; on construisit en avant une place d'armes. Lorsque le jour parut, les troupes y étaient à couvert; mais la communication entre ce logement et la première parallèle n'était point terminée. L'artillerie du fort dirigeait son feu sur le parapet de la place d'armes, où, par suite d'une méprise, les travailleurs de la nuit et ceux qui étaient destinés à les relever se trouvèrent entassés; un lieutenant du génie et quelques sapeurs furent blessés. Le chef de bataillon Vaillant ne crut pas qu'on dût se maintenir dans ce poste périlleux, et les soldats de son arme, qui l'occupaient seuls, reçurent de lui l'ordre de l'évacuer. La communication étant interrompue sur un espace de 30 mètres, ils furent quelques momens à découvert; l'ennemi, les ayant aperçus, fit pleuvoir sur eux une grêle de balles et de biscayens. Le chef de bataillon du génie Chambaud, qui venait relever M. Vaillant à la tranchée, fut atteint dans le flanc par un de ces derniers projectiles; la blessure était mortelle, et le 8 juillet l'armée perdit cet officier, un des plus distingués de son arme. Aussitôt après la retraite des sapeurs, les assiégés tentèrent une sortie; mais ils furent vivement repoussés.

Le 30, à la pointe du jour, les généraux

commandant l'artillerie et le génie reconnurent le fort, et s'occupèrent de déterminer l'emplacement des batteries de siége.

L'angle ouest du château se présentait au front de nos attaques; on pensa que nos feux devaient être principalement dirigés contre les côtés adjacens, dont l'un est tourné vers le nord-ouest et l'autre vers le sud-ouest. Ouverte près de l'angle ouest, la brèche devait être facilement abordable; on renonça au tir à ricochet: les faces étaient trop courtes pour qu'il pût être d'un grand effet.

Le logement qu'on avait été forcé d'abandonner momentanément avait été désigné, par le général Valazé, comme propre à l'établissement d'une batterie de brèche. Le général La Hitte crut que le feu de cette batterie serait trop oblique par rapport aux revêtemens; son avis prévalut, et on fixa de la manière suivante l'emplacement de l'artillerie de siége.

Trois batteries, armées l'une de deux obusiers de huit pouces, l'autre de six canons de vingt-quatre, la troisième de quatre pièces du même calibre, devaient faire converger leurs feux sur la face sud-ouest; on désigna la première sous le nom de *batterie de Bordeaux*, la seconde sous celui de *batterie du Roi*, la troisième, enfin, sous celui de *batterie Dauphin*.

Une quatrième batterie, composée de quatre mortiers de dix pouces, devait lancer des bombes dans la direction de la capitale de l'angle ouest. On la nomma *batterie Duquesne*.

On avait pensé qu'à l'extrême gauche, dans le prolongement du front sud-ouest, six canons de seize seraient favorablement placés pour enfiler la courtine de ce front et battre de plein fouet le front nord-ouest : cette considération détermina la construction d'une cinquième batterie qui reçut le nom de *batterie Saint-Louis*.

Les emplacemens désignés étaient masqués par des arbres, des haies ou des buissons.

Les quatre brigades, qui, le 29 au soir, s'étaient établies provisoirement, rectifièrent leurs positions.

Le 6e régiment d'infanterie de ligne campa dans les jardins de la maison consulaire d'Espagne, à droite de la route de Staouëli; ses postes s'avancèrent jusqu'au consulat de Suède. On plaça le 49e près du terrain assigné au dépôt de tranchée.

Les deux régimens de la brigade d'Arcine s'établirent à 400 mètres en arrière de la maison du consul des Pays-Bas.

Le camp du deuxième régiment de marche se trouvait à la hauteur du grand quartier-général.

Le 35e, après être resté deux jours dans l'emplacement qui lui avait été assigné le 29 au soir, se réunit au deuxième de marche. Pendant le siége, des postes de ces deux régimens éclairèrent la droite, vers laquelle l'ennemi pouvait se porter en suivant les ravins nombreux qui aboutissent à la rade.

La deuxième brigade de la troisième division, composée des 17e et 30e de ligne, campa en arrière de la première. On marqua l'emplacement des parcs du génie et d'artillerie à droite et à gauche de la route, un peu en arrière du quartier-général.

Des ateliers furent formés dans celui du génie pour la confection des gabions et des fascines que le siége allait rendre nécessaires; on trouva dans les jardins environnans beaucoup de bois propre à cet objet.

Une grande partie du régiment de chasseurs bivouaqua en arrière, et à peu de distance du quartier-général; des détachemens de ce corps étaient restés à Fontaine-Chapelle, à Staouëli et à Sidi-Ferruch.

La division Berthezène ayant toujours combattu en première ligne, ses pertes étaient proportionnellement plus considérables que celles du reste de l'armée; elle eut pour tâche de couvrir l'armée de siége, d'escorter les convois, et d'occuper, à partir du camp de Staouëli, les postes et redoutes destinés à les protéger.

Dès le 30, la brigade Poret de Morvan releva dans le camp de Staouëli le 15e de ligne et le premier bataillon du 48e.

Le général Clouet s'établit dans la position de Fontaine-Chapelle. Devenus disponibles, le 15e de ligne, le premier bataillon du 48e et toute la brigade Montlivault, rejoignirent leurs divisions sous les murs d'Alger. Le deuxième bataillon du 48e continua de former, avec les quinze cents marins et des détachemens d'artillerie et du génie, la garnison de Sidi-Ferruch.

Les trois bataillons commandés par le général d'Uzer se placèrent en avant de la maison consulaire des Pays-Bas. Le 49e, dont ils prirent la position, se rapprocha du consulat d'Espagne. Beaucoup de projectiles dirigés contre les approches tombèrent dans le camp de ces bataillons. Le 15e et le 49e servaient de réserve à la garde de la tranchée. Jusqu'à la fin du siége, ils remplirent cette tâche honorable et périlleuse. La constance des officiers et des soldats ne fut ébranlée ni par la fatigue d'une continuelle vigilance, ni par les pertes qu'ils éprouvaient. Les généraux Damremont et d'Uzer donnaient l'exemple du dévouement. La brigade Montlivault campa en arrière du 17e et du 30e, près de l'emplacement qui avait été assigné au parc d'administration.

Le service des subsistances et celui de l'artillerie absorbaient tous les moyens de transport; les régimens n'étaient point encore pourvus de tentes : on y suppléa en formant des abris avec des branchages.

La communication des troupes qui défendaient Alger, avec la plaine de la Metidja et Constantine, était restée entièrement libre, et rien ne s'opposait à ce que, de ce côté, des subsistances fussent introduites dans la place. Une partie des contingens de Tittery et de Constantine campaient sur la plage, au-delà du fort Babazoun. Un corps de cavalerie se trouvait près des réservoirs. M. de Bourmont conçut le projet d'étendre sa droite jusqu'à la mer, d'éloigner les Arabes de la ville assiégée, d'occuper les diverses routes de la Metidja, et de s'emparer des batteries qui défendent la côte entre Alger et l'Harash. Le général Desprez reçut l'ordre de reconnaître le terrain compris entre le camp de siége et la plage. On mit à sa disposition le second régiment de marche et deux obusiers de montagne. Ce détachement se porta d'abord vers la maison du consul de Suède, qui devait être le point de départ de la reconnaissance. Pendant qu'il traversait les jardins, le feu du château de l'Empereur fut dirigé contre lui, mais sans qu'il éprouvât de perte. Il continua son mouvement, chassant devant lui un essaim d'Arabes qui, du rivage, avaient marché vers la droite de la position occupée par la division d'Escars. Le terrain que l'on avait à parcourir, quoique fortement accidenté, est couvert d'une riche végétation. On trouve des orangers dans les lieux abrités. C'est dans cette riante partie des environs d'Alger qu'ont été construites les plus belles maisons de campagne. Quelques pièces des batteries de côte avaient été dirigées du côté de la terre. Elles firent feu; mais l'angle élevé sous lequel il fallait les pointer rendait le tir fort incertain. Après avoir terminé la reconnaissance, le général Desprez se rapprocha du quartier-général. Les Arabes suivirent ce mouvement rétrograde; mais les dispositions que l'on prit en l'exécutant les tinrent constamment à une assez grande distance de la colonne. Un soldat du 2e de marche perdit la vie; deux autres furent blessés.

On aurait pu, sans beaucoup de pertes, enlever les batteries et chasser les Arabes des bords de la mer; mais pour s'y établir, et conserver une communication sûre et facile entre le centre et la droite de l'armée, il aurait fallu se retrancher, ouvrir des chemins dans un terrain inégal et rocailleux, et mettre en état de défense un grand nombre de maisons. Ces travaux auraient exigé l'emploi de beaucoup de bras. M. de Bourmont pensa que c'était vers l'attaque du fort de l'Empereur que devaient se diriger tous les efforts de l'armée; qu'après la prise de cette forteresse, on se rendrait sans coup férir maître des batteries de côte; qu'Alger étant approvisionné pour un temps bien plus considérable que la durée présumée du siége, l'introduction d'une certaine quantité de vivres avait peu d'inconvéniens; enfin, que le service des troupes serait d'autant plus pénible qu'elles seraient moins concentrées en arrière du terrain des attaques. Cette dernière considération parut d'autant plus décisive que, depuis le 24, la température était très élevée, et que le nombre des malades s'était considérablement accru. Il ne faut pas d'ailleurs juger de l'importance du chemin de Constantine par celle qu'aurait en Europe l'occupation des routes qui aboutissent à une place assiégée. Ce chemin n'était pas un moyen de communication beaucoup plus facile que les sentiers nombreux que pouvait suivre l'ennemi.

Les événemens ultérieurs justifièrent le parti que prit le général en chef; on regretta même, après la prise d'Alger, que la garnison n'eût pas profité, pour augmenter ses approvisionnemens, de la communication qu'elle avait conservée avec la plaine de la Metidja.

On régla le service de la tranchée; il fut décidé que les travailleurs seraient relevés deux fois par jour, et que la garde ne le serait qu'au lever du soleil. L'expérience a prouvé que les troupes ne défendaient avec confiance pendant la nuit que les ouvrages qu'elles ont occupés et reconnus pendant le jour. La garde était forte de quinze cents hommes. Le nombre des travailleurs variait en raison des demandes faites par les généraux d'artillerie et du génie. Un maréchal-de-camp de la ligne commandait la tranchée. Son service était de vingt-quatre heures. Il avait sous ses ordres un officier d'état-major.

On confia au chef de bataillon Lugnot les fonctions de major de tranchée : il les remplit avec autant d'activité que de bravoure. Deux aides-majors, MM. de Maupeou et Desgarets, lui furent adjoints.

On établit une ambulance près du dépôt de tranchée.

Le prince de Schwartzenberg, fils aîné de celui qui, en 1813, commandait en chef les armées de la coalition, arriva le 30 au quartier-général. Il avait été autorisé à faire la campagne comme volontaire. D'autres étrangers l'avaient devancé. Parmi eux, on distinguait le colonel Filosofof, aide-de-camp du grand-duc Michel, officier aussi recommandable par son caractère que par l'étendue de ses connaissances, et M. Mancel, capitaine de vaisseau dans la marine anglaise. Cet officier, lors de l'expédition de lord Exmouth, se trouvait sur un des bâtimens de guerre de l'escadre britannique. Son esprit aventureux et sa haine personnelle contre les Barbaresques lui avaient inspiré le dessein de suivre l'armée française. Sans cesse aux postes les plus périlleux, il était connu de tous nos voltigeurs.

Le détachement du 49ᵉ qui gardait la maison consulaire de Suède fut attaqué pendant la matinée du 30 par des Arabes qui, en suivant des ravins, étaient arrivés jusqu'au contrefort sur lequel cette maison était assise ; il se replia vers le camp du 6ᵉ. Quelques compagnies de ce régiment marchèrent à l'ennemi, et, après l'avoir repoussé, le poursuivirent à travers les rochers, les arbres et les buissons qui avaient protégé son mouvement offensif. L'occupation du consulat de Suède était d'une grande importance. Le général Loverdo y fit renforcer les postes. Les murs furent crénelés. Des tranchées et des abattis fermèrent du côté de la mer les principaux débouchés.

Pendant la nuit du 30 juin au 1er juillet, on commença la construction des cinq batteries dont l'emplacement avait été déterminé. Presque partout la nature du sol opposait de grandes difficultés.

Le terre-plein de la batterie Bordeaux ne fut creusé qu'à quelques pouces au-dessous de la surface du sol; plus bas, on trouva le roc.

L'épaulement de la batterie du Roi avait à peine, lorsque le jour parut, neuf décimètres d'épaisseur.

La batterie Dauphin était encore moins avancée; le roc s'y montrant à nu, il fallut la construire presque entièrement avec des sacs à terre.

On trouva dans les batteries Duquesne et Saint-Louis un sol plus facile à remuer. A la fin de la nuit, les hommes y étaient assez à couvert pour que le travail pût être continué pendant le jour.

Les tranchées que le général Valazé avait fait ouvrir la veille furent perfectionnées; on en augmenta le développement. L'irrégularité de leur tracé était le résultat inévitable des inégalités du sol. Les berges des ravins qui, à droite et à gauche, limitaient le front des attaques, étaient à couvert des feux directs du château : on en profita pour établir des communications sans épaulement, et qui par conséquent exigeaient peu de travail. Cette marche prompte et hardie n'était pas sans inconvénient. Une partie des canons du fort tirant à petites charges et à toute volée, les travailleurs étaient atteints par des boulets sur des points où les bombes seules paraissaient à craindre.

Les bouches à feu du château de l'Empereur n'étaient pas les seules qui fussent dirigées contre les travailleurs. L'ennemi avait établi des batteries sur l'emplacement du fort de l'Étoile, et sur quelques autres points extérieurs.

Pendant la nuit qui précéda le 1er juillet, comme pendant celles qui suivirent, la place tira peu ; son feu ne devenait vif qu'au lever du soleil.

Dans la journée du 1er juillet, M. Vaillant, chef de bataillon du génie, qui depuis l'ouverture de la tranchée dirigeait les attaques avec autant de talent que de bravoure et d'activité, eut la jambe cassée par un biscaïen. En vingt-quatre heures deux officiers supérieurs du génie avaient été grièvement blessés. Cette fatalité produisit une impression d'autant plus vive, que, dans le même espace de temps, un très petit nombre de soldats de la même arme avait été atteint.

Le même jour, le général La Hitte reconnut près de la maison du consul de Suède un emplacement d'où quatre obusiers de huit pouces paraissaient devoir battre le fort avec avantage. Des ordres furent donnés pour qu'on y commençât sur-le-champ la construction d'une batterie : un mur dérobait les travailleurs à la vue du château. On nomma cette batterie *batterie de Henri IV*. Deux pièces de campagne furent conduites dans les jardins du consulat. Cette disposition, que les généraux Desprez et La Hitte arrêtèrent de concert, avait pour objet d'imposer aux Arabes, qui des bords de la mer se portaient fréquemment vers la droite de nos attaques.

Le vaisseau amiral et la plus grande partie des bâtimens de guerre avaient quitté la baie de Sidi-Ferruch pour croiser devant le port d'Alger. Pendant le siége, l'armée navale devait combiner ses opérations avec celles de l'armée de terre. Elle canonna le 1er juillet les forts et les batteries de la plage occidentale; mais cette démonstration n'eut aucun résultat. Le général en chef, pensant qu'une attaque plus sérieuse faite par mer pouvait produire une utile diversion, écrivit à l'amiral Duperré pour réclamer sa coopération. Il le prévenait que, lorsque le jour de l'ouverture du feu aurait été fixé irrévocablement, une fusée tirée sur le Boudjareah au milieu de la nuit qui précéderait avertirait l'armée navale; on supposait alors que le 3 les batteries commenceraient à tirer.

Depuis l'ouverture de la tranchée, la gauche de nos ouvrages avait été vivement inquiétée; comme sur la droite, les tirailleurs ennemis se jetaient dans de profonds ravins; couverts par des maisons, des arbres ou des rochers, ils prenaient à revers les boyaux de tranchée, et y atteignaient nos travailleurs. Leur feu nous faisait plus de mal que le canon du fort. La construction d'un logement et de quelques traverses le rendit moins meurtrier. L'ennemi attaqua le logement; mais il fut vivement repoussé. Un contrefort qui se liait avec le Boudjareah s'avançait jusqu'à portée de canon de la gauche des attaques. On supposa qu'une batterie établie à l'extrémité de ce contrefort rendrait moins hardis les tirailleurs turcs et arabes. Elle fut construite, et on y plaça deux pièces de campagne qui produisirent peu d'effet.

C'était surtout pendant le siége que les fusils de rempart avaient paru devoir être employés avec avantage : on demanda aux régimens d'infanterie leurs plus habiles tireurs; cent furent mis sous les ordres de M. Delvigne, officier de la garde auquel on devait d'ingénieuses découvertes sur les armes à feu. Quoiqu'une distance de 600 mètres séparât les fusiliers des parapets du fort, des canonniers turcs furent atteints dans les embrasures.

Pendant la nuit du 1er au 2 juillet, une place d'armes qui avait été ébauchée la veille fut presque terminée. On ouvrit de nouvelles communications pour le service des batteries de siége.

La construction de ces batteries fit des progrès rapides. Le 2, au lever du soleil, celle de Henri IV était aussi avancée que les autres. Dans toutes, excepté dans celle du Dauphin, on était assez à couvert pour que les travaux fussent poussés avec autant d'activité pendant le jour que pendant la nuit. Toutefois le général La Hitte crut qu'il restait trop à faire pour que le feu commençât le 3 juillet. Il représenta au général en chef que, des vingt-six bouches à feu qui devaient être dirigées contre le fort, vingt à peine pourraient être mises en batterie pendant la nuit du 2 au 3; que, pour que le succès ne fût pas un moment incertain, il fallait imposer à l'ennemi par une grande supériorité de feux; que l'approvisionnement à raison de trois cents coups par pièce de 24 ou de 16, et de deux cents coups par mortier et obusier, ne serait complété que dans la soirée du 3; qu'on avait à peine commencé la construction des plates-formes et des magasins à poudre; enfin que les inconvéniens d'un retard de vingt-quatre heures seraient beaucoup moins graves que ceux qui pouvaient résulter d'une excessive précipitation. L'ouverture du feu fût différée jusqu'au 4 juillet.

On perfectionna, pendant la journée du 2, les boyaux de tranchée et les communications. Dans chaque batterie le général La Hitte fit renforcer les épaulemens, disposer les plates-formes et construire les magasins à poudre. Les tirailleurs ennemis inquiétaient fréquemment ces travaux; ils chassèrent nos travailleurs d'un logement qu'on achevait en avant de la batterie Saint-Louis, et s'avancèrent jusque sur l'épaulement de cette batterie. Les capitaines du génie et d'artillerie Fourreau et Mocquart s'élancèrent contre eux le sabre à la main. Entraînés par leur exemple, des soldats qui faisaient partie de la garde de la tranchée chargèrent les assaillans, en tuèrent plusieurs, et reprirent le logement.

Dès la pointe du jour le général Achard avait fait fouiller des ravins qui, des positions qu'occupait sa brigade, descendent à droite et à gauche de la pointe Pescadu. L'extrémité d'un des contreforts qui s'avancent entre ces ravins, dominait deux batteries de la côte; nos soldats s'y portèrent. Effrayés par quelques coups de fusil, cent Turcs environ qui gardaient ces batteries se jetèrent dans des barques, et firent force de rames pour se rapprocher du port d'Alger. Trente-six bouches à feu presque toutes chargées, des munitions et un drapeau, tombèrent en notre pouvoir.

A la chute du jour, toutes les pièces de siége qui devaient être mises en batterie se trouvaient au dépôt de tranchée. Quoiqu'elles fussent incomparablement plus mobiles que celles de l'ancien modèle, leur transport avait offert des difficultés. La route traversant sur plusieurs points des rochers entièrement nus, les travaux nécessaires pour la rendre praticable auraient exigé beaucoup de temps. On crut préférable d'ouvrir des communications latérales.

Le 3 juillet à quatre heures du matin, les batteries Duquesne, Saint-Louis, Bordeaux et Henri IV, étaient complétement armées : il n'y avait encore que quatre pièces dans la batterie du Roi, au lieu des six qui devaient y être conduites. L'épaulement destiné à couvrir les deux autres n'était pas achevé. Dans la batterie du Dauphin, la pente rapide du sol retarda l'établissement des plates-formes.

Le général Damremont avait pris, à la naissance du jour, le commandement de la tranchée; il parvint à contenir l'ardeur des soldats, qui souvent, pour répondre aux tirailleurs arabes, s'exposaient inutilement à leur feu. On ne tirait plus que lorsque l'ennemi était à petite portée et se montrait à découvert. Quoiqu'on eût à regretter la perte de huit soldats qu'atteignit un boulet perdu au moment où ils venaient d'être relevés, le nombre des hommes mis hors de combat fut moindre qu'il n'avait été les jours précédens.

Comme la veille, la batterie Saint-Louis fut attaquée et défendue avec vigueur. Des Arabes se précipitèrent sur l'épaulement; un d'eux reçut la mort au moment où il s'efforçait d'arracher un gabion; d'autres furent tués à coups de baïonnette : le reste prit la fuite.

Quoique le signal convenu n'eût point été donné à la marine, l'amiral crut devoir profiter des circonstances favorables que présentait l'état de la mer pour canonner les forts et les batteries situés au nord-ouest de la ville. Dans l'après-midi du 3, un feu très vif d'artillerie se fit entendre; tous nos bâtimens lâchaient leurs bordées en défilant sous voile parallèlement à la côte. Les batteries de côte et les forts répondirent avec vivacité; mais ni de part ni d'autre ce feu ne produisit d'effet. Presque tous les projectiles tombaient dans l'intervalle qui séparait l'escadre du rivage.

Pas un marin ne fut atteint par les boulets ennemis; mais l'explosion d'une des pièces de 36 du vaisseau amiral coûta la vie à sept ou huit hommes, et en blessa douze ou quinze. Après cette opération, nos bâtimens s'éloignèrent, et le lendemain ils étaient à plusieurs lieues au large; la force et la direction du vent n'auraient pas permis qu'ils restassent sans danger près de la côte. Quelques journaux dirent que les forts avaient été écrasés sous le feu de l'armée navale : après la prise d'Alger nous acquîmes la certitude que le dommage produit devait être considéré comme nul; douze ou quinze boulets seulement avaient laissé des empreintes dans les revêtemens ou les parapets tant des forts que des batteries de côte.

Avant la nuit, un ordre du jour annonça aux troupes d'artillerie que le lendemain, à la pointe du jour, toutes les pièces de siége tireraient à la fois, et qu'une fusée donnerait le signal. Toutes les dispositions qu'indiquait la prudence avaient été prises; un détachement de fantassins, affecté à chaque batterie, devait la défendre contre les sorties, et fournir des travailleurs dans le cas où les effets du canon de la place rendraient des réparations nécessaires. Pour rendre prompt et facile le remplacement des canonniers mis hors de combat, on plaça comme réserve, au dépôt de tranchée, deux compagnies d'artillerie; le soin de renouveler les munitions fut confié à des sous-officiers intelligens et expérimentés. Chez le général La Hitte, l'ardeur n'excluait pas la prévoyance.

La nuit du 3 au 4 avait été fort calme; à trois heures un quart du matin, des Turcs et des Arabes se portèrent en grand nombre sur la batterie Dauphin. L'attaque fut extrêmement vive; on combattit corps à corps. Des officiers d'artillerie mirent le sabre à la main; l'un d'eux, le lieutenant Daru, reçut une légère blessure. Après une lutte qui ne dura que quelques momens, l'ennemi prit la fuite.

Une demi-heure plus tard on pouvait, des batteries, distinguer les embrasures du château. Le signal fut donné, et le feu commença; celui du fort répondit avec une grande vivacité, mais il était facile de voir que nos canonniers avaient une grande supériorité d'adresse. Dès le premier moment, le tir des pièces de 24 et de 16 fut d'une justesse remarquable; presque tous les coups atteignaient les embrasures, et faisaient voler de nombreux éclats de pierre. Beaucoup de bombes et d'obus tombaient en deçà du but; on rectifia le tir de ces projectiles. Allant d'une batterie à l'autre, le général La Hitte éclairait les canonniers de ses conseils, les animait de son exemple, et prescrivait toutes les dispositions que les circonstances rendaient nécessaires; les officiers d'artillerie le secondaient avec une ardeur qui avait sa source, et dans le sentiment de leurs devoirs, et dans le dévouement qu'inspirait son caractère.

Une heure après l'ouverture du feu, toutes les bombes, sans exception, éclatant dans l'intérieur du fort, répandaient la terreur et la mort parmi les Turcs qui s'y trouvaient rassemblés.

A huit heures, le feu de l'artillerie ennemie se ralentit. Dans quelques parties des fronts attaqués, la chute presque entière des parapets laissait les canonniers à découvert; quelques pièces ne tiraient plus. Pour faire taire celles qui n'étaient point encore éteintes, on dirigea contre chacune d'elles plusieurs des nôtres; à dix heures le feu du château avait entièrement cessé. Le général La Hitte donna l'ordre de battre en brèche les deux faces du bastion de l'ouest, près de l'arête qui leur est commune; des éboulemens firent présumer qu'avant la fin du jour la brèche serait praticable.

A onze heures, on entendit une terrible détonation; un nuage noir et épais s'éleva en même temps au-dessus du fort. S'étendant avec rapidité dans toutes les directions, il eut bientôt couvert de fumée et de poussière tout le terrain environnant; l'obscurité, plus encore que les pierres qui tombaient dans la partie avancée de nos tranchées, ébranla quelques courages. Des travailleurs et des sentinelles abandonnèrent leur poste; les canonniers restaient à leurs pièces, et les coups qui partaient de nos batteries rassurèrent l'armée sur les effets de l'explosion. La continuation du feu était d'ailleurs sans objet : le front nord-ouest était presque entièrement renversé; la tour avait disparu.

Des doutes existent encore sur la cause de cet événement. Après l'occupation de la place, on interrogea plusieurs Turcs; il n'y eut point d'accord dans leurs réponses. Parmi les témoignages qui ont été recueillis, voilà celui qui nous a paru mériter le plus de confiance. Des officiers affirmèrent que d'un contrefort du mont Boudjareah ils avaient vu distinctement ce qui s'était passé : que les défenseurs, abandonnant leurs postes, s'étaient retirés précipitamment vers la porte Neuve; que, reçus à coups de fusil, ils étaient retournés au fort, pour en sortir de nouveau; qu'un nègre alors, se séparant des Turcs, s'était avancé vers le fort une torche à la main, et qu'un moment après on avait entendu l'explosion.

Le général Hurel commandait la garde de la tranchée; il lui fit prendre les armes. Une compagnie du 17e régiment de ligne, commandée par le capitaine Gauthier, franchit rapidement l'espace qui la séparait du château de l'Empereur; les carabiniers du 9e léger, ayant à leur tête le général Hurel, suivirent ce mouvement. Un demi-quart d'heure après l'explosion, les troupes françaises occupaient le fort. Lombard et Dumont, soldats du 17e, avaient atteint les premiers le sommet de la brèche ouverte par l'explosion; toute la garde de la tranchée s'avança, et le général Loverdo fit faire un mouvement correspondant à une partie des troupes de sa division.

Le général en chef, accompagné de l'état-major général, se dirigea vers le château pour être à portée de prescrire les dispositions ultérieures.

Pendant que l'artillerie de siége battait le fort, les troupes ennemies qui campaient sur la plage de l'est avaient tenté une diversion; leurs efforts s'étaient principalement dirigés contre la droite du camp de la troisième division. Avertie par le feu de ses avant-postes, cette division fut bientôt sous les armes; quatre pièces de campagne qui se trouvaient au parc d'artillerie furent mises à la disposition du duc d'Escars. Quelques coups de canon et la marche de notre infanterie firent faire un mouvement rétrograde aux Arabes. Déjà ce mouvement était commencé, lorsque l'explosion que nous avons décrite leur annonça la destruction de cette forteresse qu'ils regardaient comme inexpugnable. Ils poussèrent des cris d'épouvante, et leur fuite étant devenue plus rapide, ils eurent bientôt entièrement disparu. Presque tous ceux qui faisaient partie des contingens de Constantine et d'Oran s'éloignèrent d'Alger ce jour-là même.

Les batteries de la Casauba tiraient contre le château de l'Empereur depuis que nous en étions maîtres. Placée derrière le front sud-ouest, la garde de la tranchée ne pouvait être atteinte par leurs boulets; mais ceux du fort Babazoun arrivaient jusqu'à elle, quoique leur point de départ fût à plus de 200 mètres au-dessous du but vers lequel ils étaient dirigés. Le général La Hitte fit pointer contre ce fort deux pièces de campagne et trois des bouches à feu que l'explosion avait laissées debout. L'artillerie ennemie se tut momentanément.

Des ordres furent donnés pour que les pièces de 16 qui armaient les batteries de siége fussent conduites sous l'angle saillant du bastion opposé à celui qu'on avait battu en brèche. On s'occupa sur-le-champ de la construction de la batterie qui devait les recevoir.

Une heure après l'arrivée du général en chef au château de l'Empereur, un Turc, secrétaire du dey, se présenta pour négocier; il se nommait Mustapha. On l'avait autorisé à offrir le paiement des frais de la guerre, sous la condition que les troupes françaises n'entreraient pas dans Alger. M. de Bourmont lui répondit que le dey n'obtiendrait de capitulation qu'en consentant à nous livrer la place et les forts; que, s'il hésitait, le feu allait commencer contre la Casauba, et qu'en quelques heures nous serions maîtres de sa personne et de son palais. Mustapha feignit de croire que l'opiniâtreté de son maître était un obstacle à ce que la condition qu'on lui imposait fût acceptée; il le blâmait d'ailleurs de n'avoir pas conjuré l'orage prêt à fondre sur lui. « Lorsque les Algériens, disait-il, sont en guerre avec la France, ils ne doivent pas attendre pour demander la paix, l'heure de la prière du soir. » Il fit même entendre que, si la mort de celui qui avait commis l'offense pouvait être un moyen de conciliation, le dey aurait bientôt subi le sort de beaucoup de ses prédécesseurs; cette insinuation n'ayant pas produit d'effet, il retourna dans la ville pour transmettre la réponse du général en chef.

Deux Maures ne tardèrent pas à se présenter. A en juger par leurs traits et la blancheur de leur teint, on les aurait crus nés dans le nord de l'Europe; ils se nommaient Bouderbah et Omar; tous deux parlaient le français. Le premier avait été plusieurs fois conduit en Europe par des affaires de commerce. Pendant qu'il s'entretenait avec M. de Bourmont, les batteries du fort Babazoun tirèrent de nouveau, et quelques boulets passèrent près du lieu où se tenait la conférence. Les parlementaires ne purent cacher leur émotion. « Ne craignez rien, leur dit le général La Hitte, en saisissant le bras de l'un d'eux, c'est à nous que cela s'adresse. » Bouderbah donna l'assurance que le feu de la place et des forts cesserait avec celui de nos batteries. On défendit aux canonniers de tirer davantage; dès lors il n'y eut plus d'acte d'hostilité. Le général Valazé en profita pour ouvrir une communication vers l'emplacement qu'occupait autrefois le fort de l'Étoile. Le chef de bataillon Lemercier fut chargé de la direction de ce travail.

Les deux Maures se trouvaient encore auprès du général en chef, lorsque le turc Mustapha reparut accompagné du consul et du vice-consul d'Angleterre; il demanda que les conditions que l'on voulait imposer fussent mises par écrit. Le consul dit à M. de Bourmont que ce n'était pas comme agent du gouvernement britannique qu'il se présentait; que le dey, avec lequel il avait eu des relations amicales, l'avait fait presser de se rendre auprès de lui; qu'en cédant à ses instances, il avait été surtout déterminé par le désir d'arrêter l'effusion du sang; que la chute de la place était inévitable; que Hussein-Pacha lui-même ne l'ignorait pas; mais que son exaltation religieuse le disposait à se porter aux dernières extrémités; et que si on lui imposait des conditions trop dures, il ferait sauter la Casauba comme il avait fait sauter le château de l'Empereur. Ce langage pouvait être dicté par des motifs étrangers, ou même contraires aux intérêts de la France; aussi n'eut-il qu'une faible influence sur la rédaction des articles, qui fut arrêtée en présence de plusieurs officiers-généraux. Tous énoncèrent leur opinion, sans qu'aucun réclamât contre la condition qui laissait au dey et aux Turcs leurs richesses particulières. Ni les secrétaires, ni les Maures, ni le consul anglais, n'intervinrent dans la discussion. Voici les termes de la capitulation.

« Le fort de la Casauba, tous les autres forts « qui dépendent d'Alger, et le port de cette ville, « seront remis aux troupes françaises le 5 juillet « à dix heures du matin (heure française).

« Le général en chef de l'armée française s'en« gage envers S. A. le dey d'Alger à lui laisser sa « liberté et la possession de toutes ses richesses « personnelles.

« Le dey sera libre de se retirer avec sa fa-« mille et ses richesses, dans le lieu qu'il aura « fixé. Tant qu'il restera à Alger, il y sera, lui et « sa famille, sous la protection du général en « chef de l'armée française. Une garde garan-« tira la sûreté de sa personne et celle de sa « famille.

« Le général en chef assure à tous les soldats « de la milice les mêmes avantages et la même « protection.

« L'exercice de la religion mahométane res-« tera libre; la liberté des habitans de toutes les « classes, leur religion, leurs propriétés, leur « commerce, leur industrie, ne recevront au-« cune atteinte. Leurs femmes seront respectées; « le général en chef en prend l'engagement sur « l'honneur.

« L'échange de cette convention sera fait le « 5 avant dix heures du matin. Les troupes fran-« çaises entreront aussitôt après dans la Casauba « et dans tous les forts de la ville et de la ma-« rine. »

Ces conditions parurent trop douces; on pré-tendit qu'il aurait fallu exiger que la place se rendît à discrétion. Dans le cas où cette condi-tion n'aurait pas été repoussée, qu'y aurait ga-gné la France? quelques millions qu'emportèrent tant le dey que les Turcs. Si au contraire l'ennemi, plutôt que de souscrire à des clauses humiliantes, s'était défendu jusqu'à la dernière extrémité, que le siége eût été prolongé de quelques jours, qu'il en eût coûté la vie à quelques centaines de braves; si enfin le trésor eût sauté avec l'immense magasin à poudre de la Casauba, quelle responsabilité aurait pesé sur le général en chef! Ne lui reprocherait-on pas d'avoir sacrifié à une vaine gloire le sang de nos soldats? N'aurait-on pas entendu répéter à satiété cette expression proverbiale, « qu'il faut faire un pont d'or à son ennemi? » Qu'on n'oublie pas que, parmi ceux qui ont censuré la capitulation, plusieurs nous avaient menacés d'une défense aussi opiniâtre que celle de Saragosse. Quant au danger de priver la France d'un trésor qui a payé les frais de l'expédition, il n'était point imaginaire. Des Turcs qui se trouvaient à la Casauba pendant qu'on négociait, ont affirmé que deux fois le dey s'était élancé un pistolet à la main vers le magasin à poudre, avec l'intention d'y mettre le feu.

On trouverait, pour justifier la capitulation, des argumens non moins décisifs dans les instructions écrites qu'avait reçues M. de Bourmont. La remise immédiate de la place et des forts devait être rigoureusement exigée; mais, sur les autres points, le gouvernement laissait une grande latitude. Il consentait même à ce que le dey conservât son titre et une partie de son autorité, jusqu'à ce qu'un arrangement conclu avec le grand-seigneur eût décidé du sort de la Régence. Il y a loin de cette concession à l'engagement de respecter les propriétés particulières, et de ne pas troubler les Musulmans dans l'exercice de leur religion.

Pendant qu'on rédigeait les articles de la capitulation, une compagnie de grenadiers avait été placée, comme poste d'observation, entre le château de l'Empereur et le fort Babazoun. Ce fort ne tirant plus, nos soldats s'imaginèrent qu'il était abandonné, ou que la garnison, frappée de terreur, fuirait à leur approche. Ils s'avancèrent, entraînés par cette ardeur qu'il est si difficile de contenir dans une armée française. Une décharge de mousqueterie les arrêta au pied des revêtemens. Deux grenadiers furent tués. Les autres firent un mouvement rétrograde. La mort de deux braves causa des regrets d'autant plus vifs que le lendemain nous devions, sans coup férir, prendre possession de tous les forts. Il est bien rare que, dans la guerre de siége, on viole impunément les règles qu'ont dictées le raisonnement et l'expérience.

A cinq heures, la capitulation était rédigée.

M. Braschewitz fut chargé de la porter au dey. Cet interprète de première classe était né à Raguse. Son esprit délié, la facilité avec laquelle il parlait le turc et l'arabe, la connaissance qu'il avait acquise dans plusieurs voyages des mœurs et des usages de l'Orient, l'avaient fait employer utilement à l'armée d'Égypte. Depuis longues années, des soins de famille l'occupaient exclusivement. Devenu étranger aux affaires, il s'exagéra le danger de sa mission, et pour le déterminer à la remplir, il fallut que le général en chef lui promît que, dans le cas où elle aurait pour lui une issue funeste, on prendrait soin de ses enfans. On a dit qu'il avait été chargé secrètement d'obtenir du dey des sommes considérables pour prix de la capitulation. Plusieurs officiers se trouvaient auprès de M. de Bourmont lorsqu'il remit au parlementaire ses dépêches. Il ne l'entretint pas un moment en particulier. Peut-être même dut-on s'étonner que des affaires de cette nature se traitassent en présence de tant de témoins. Le général en chef n'était que trop disposé à faire connaître ses actes et même ses projets. Ce n'est pas auprès de ceux qui ont fait la campagne qu'il est nécessaire de le justifier. Aucun n'eut l'injuste pensée que nous repoussons; mais en France des bruits mensongers se répandirent avec une déplorable rapidité.

Nous concevons que relativement à des actes politiques les attaques de l'opposition soient vives, injustes même; mais quand c'est de probité qu'il s'agit, l'orateur parlementaire, l'écrivain périodique ne doit pas être moins circonspect que le témoin appelé à déposer devant un tribunal. Avant d'arriver à Alger, les commissaires chargés de faire une enquête sur les opérations relatives au trésor étaient préoccupés de l'idée que des officiers avaient accompagné M. Braschewitz, et qu'ils étaient restés auprès du dey pendant toute la nuit du 4 au 5 juillet. Un fait semblable aurait-il échappé à l'armée tout entière? Ces officiers pouvaient-ils traverser sans être aperçus la ligne de nos avant-postes? Ceux qui ont la connaissance des faits et des lieux n'hésiteront pas à répondre négativement. Aussi quelques jours passés en Afrique, et les franches explications qui furent données par plusieurs témoins, ont-ils suffi pour détruire sur ce point l'erreur des membres de la commission. Ces observations toutefois nous ont paru nécessaires, parce que, malgré la déclaration solennelle qui justifia ceux dont l'honneur avait été attaqué, des doutes sont restés dans quelques esprits.

M. Braschewitz trouva le dey entouré des membres de son conseil, et lui remit les articles de la capitulation. Hussein ne fit que peu d'observations sur les conditions imposées; mais le délai fixé pour la remise de la place lui parut trop court. Il représenta que la résolution qu'il avait prise de négocier produisait une vive fermentation parmi les habitans, et surtout parmi les Turcs de la milice, et qu'il avait besoin de temps pour leur faire sentir qu'il ne faisait qu'obéir à la dure loi de la nécessité. « Le général en chef, ajouta-t-il, est trop homme d'État pour ne pas apprécier ces considérations. Dites-lui qu'il est nécessaire que le délai soit prolongé de vingt-quatre heures. Demain, au lever du soleil, mon secrétaire se rendra au camp pour recevoir sa réponse. » . . . .

Il congédia le parlementaire, et, pour donner un gage de ses dispositions pacifiques, il apposa son sceau sur la capitulation, sans même qu'elle eût été traduite en langue turque.

Il était nuit lorsque M. Braschewitz revint au quartier-général; il rendit compte de sa mission avec beaucoup de trouble. Tout porte à croire que les sensations pénibles qu'il avait éprouvées étaient au-dessus de ses forces; dès-lors sa santé s'altéra, et un mois après il avait cessé d'exister. Son récit laissa quelques doutes dans l'esprit du général en chef. On interrogea le consul et le vice-consul de France sur ce qu'il fallait conclure de l'apposition du sceau;

ils répondirent qu'ils la regardaient comme une adhésion formelle aux conditions imposées.

Tout présageait que le lendemain la soumission d'Alger terminerait la campagne; cependant les travaux du génie ne se ralentirent point durant la nuit. Le général Valazé, qui, bien que malade, donnait aux officiers l'exemple de l'activité, fit couronner une éminence qui se trouve à gauche de la route de la Casauba, et dont la distance à cette forteresse est à peine de 250 mètres. Le 5, à la pointe du jour, le général La Hitte y traça l'emplacement de deux batteries, dont on commença sur-le-champ la construction. Ces travaux ne parurent pas inquiéter la garnison.

Dès le 4, presque tous les Arabes qui campaient sur la plage orientale s'étaient retirés vers la Metidja; beaucoup de familles étaient sorties d'Alger pour fuir dans la même direction. Le jour suivant, l'émigration continua; comme elle n'était point interdite par la capitulation proposée, on ne crut pas devoir y mettre obstacle.

Mustapha se rendit, à six heures du matin, au quartier-général; il était chargé d'insister sur la nécessité d'un délai de vingt-quatre heures. Le consul d'Angleterre, qui le suivit de près, dit à M. de Bourmont que Hussein n'avait compris qu'imparfaitement le sens des articles de la capitulation, et qu'il demandait que M. Braschewitz retournât auprès de lui pour le lui expliquer. Cette proposition fut accueillie sans difficulté, et on remit au parlementaire une copie de la capitulation. Le dey ne devait y apposer son sceau qu'après avoir déclaré qu'il le faisait avec connaissance de cause; on maintint la clause qui exigeait que la place fût remise aux troupes françaises à dix heures du matin, quoique déjà il fût trop tard pour qu'elle pût être exécutée. M. Braschewitz devait consentir de vive voix à ce que la prise de possession n'eût lieu qu'à midi, et demander, pour prix de cette concession, que les naufragés du *Silène* et de *l'Aventure* fussent rendus immédiatement à la liberté. On ne connut qu'à onze heures le résultat de ce nouveau message. Après d'assez longues explications, Hussein-Pacha avait revêtu de son sceau la capitulation. « A « midi, avait-il dit, les portes seront ouvertes à « l'armée française. » Il affirma que les prisonniers avaient été traités avec beaucoup d'égards; que des précautions étaient prises pour que leur existence fût en sûreté, et que les troupes qui occuperaient le port les y trouveraient sains et saufs.

Des ordres furent expédiés aux lieutenans-généraux. La première division devait prendre possession du fort des Anglais, du fort et de la porte Babaloucte; la seconde, de la porte Neuve, de la Casauba et de la porte Babazoun, la troisième, du port et du fort Babazoun.

Les fonctions de commandant de place furent confiées au maréchal-de-camp Tholozé. M. de Bourmont chargea de l'inventaire des propriétés publiques cet officier-général, l'intendant en chef, et M. Firino, payeur général de l'armée. On a dit qu'en raison de l'importance du trésor, une commission plus nombreuse aurait dû être formée. D'autres fonctionnaires, et même des officiers de marine, auraient été appelés, sans doute, si on avait pu prévoir que plus tard d'odieux soupçons planeraient sur des hommes d'honneur.

La porte Neuve, qui était la plus rapprochée des attaques, fut considérée comme l'entrée principale; elle devait être occupée par le 6e régiment de ligne, qui, d'après son numéro, formait tête de colonne dans la deuxième division. Les généraux Valazé et La Hitte demandèrent que ce corps fût précédé par des détachemens de leur arme; une batterie de campagne sans caissons devait marcher avec le détachement d'artillerie. Par suite d'un malentendu ou de l'impatience qu'avaient tous les militaires de pénétrer dans cette ville, dont la prise était le but de la campagne, les caissons suivirent les pièces. Engagés dans un chemin étroit, encaissé et rocailleux, ils furent quelque temps immobiles; cette circonstance retarda de près d'une heure la marche des troupes, et donna lieu à quelque désordre. Le colonel Bartillat était chargé de faire le logement du quartier-général. Ayant trouvé tous les accès libres, il devança l'artillerie et le génie, et, accompagné d'un seul officier, le capitaine Huder, il parvint jusqu'à la Casauba. Le dey, qui s'y trouvait encore, n'en était pas sorti depuis plusieurs années; on l'attribuait généralement à la crainte que lui inspiraient les Turcs de la milice. Lorsque leur existence se trouvait compromise par son obstination, chercher un asile au milieu d'eux, c'était plus que jamais s'exposer à une fin tragique; cependant, contre toutes les probabilités, il se retira dans la ville au moment où les troupes françaises allaient occuper son palais et mettre sa vie en sûreté: une maison dont il était propriétaire le reçut ainsi que ses femmes, et il y fit transporter ses effets les plus précieux.

Cependant le détachement de canonniers, après avoir franchi la porte Neuve, marcha vers la Casauba. Des Maures et des esclaves nègres au service du dey emportaient tout ce dont ils pouvaient se charger. Quelques Juifs profitaient du désordre pour satisfaire leur cupidité. La frayeur s'empara des uns et des autres. Pour fuir plus rapidement, ils jetèrent les coffres et les paquets de hardes dont ils étaient chargés. L'entrée de la Casauba, les cours intérieures, les galeries, s'en trouvaient encombrées. Les objets abandonnés devinrent en grande partie la proie de nos soldats, moins encore à cause de leur valeur intrinsèque qu'à cause de leur bizarrerie.

M. Firino entra dans la Casauba en même temps que les premières troupes. Le kasnedgi ou trésorier général lui remit les clefs du trésor; elles ne pouvaient être confiées à des mains plus pures. Lorsque les deux autres membres de la commission furent arrivés, tous trois entrèrent avec le kasnedgi dans les pièces qui contenaient les épargnes de plusieurs règnes. Ces pièces étaient obscures, quoiqu'au niveau du sol; des tas d'or et d'argent se trouvaient entre les murs et des cloisons de madriers. Lorsque les commissaires eurent reconnu les lieux, on mit les scellés sur la porte, dont la garde fut confiée dès lors à douze gendarmes qu'on relevait deux fois par jour. M. Denniée avait été vivement frappé de la quantité d'or et d'argent qui s'était offerte à sa vue : dans sa pensée, la valeur totale de ces richesses s'élevait à 80 millions. Le payeur général, que ses fonctions habituelles rendaient plus propre à ce genre d'appréciation, écrivit au ministre des finances que le trésor contenait une somme d'environ 50 millions. Il n'aurait pas suffi, pour qu'une soustraction criminelle eût lieu, que les gendarmes fussent corrompus. La porte s'ouvrait sur la cour principale, qui était le lieu le plus fréquenté de la Casauba. Des soldats et des officiers s'y trouvaient jour et nuit. Ainsi l'armée tout entière exerçait une sorte de surveillance et de contrôle sur les opérations de la commission.

Le kasnedgi avait indiqué aux commissaires chargés de l'inventaire du trésor le lieu où se fabriquait la monnaie; la valeur des lingots qui s'y trouvaient était de 25 ou 30,000 fr. Les scellés furent mis sur la porte, et on y plaça une sentinelle; mais une ouverture faite dans un mur en maçonnerie rendit ces précautions inutiles, et, pendant la nuit du 5 au 6, les lingots disparurent. Les recherches que l'on fit pour découvrir les auteurs de ce délit furent infructueuses.

Au milieu des paquets de hardes qui étaient restés dans la cour principale, on trouva une petite caisse dont la paroi supérieure avait été enfoncée. Deux sacs de monnaie s'y trouvaient.

On porta cette caisse à M. Firino, qui la déposa au trésor, après avoir constaté que les sacs renfermaient des sequins en or pour une somme d'environ 30,000 francs. La rupture de l'une des parois faisait présumer qu'une soustraction avait été faite : devait-on l'imputer à des soldats français ou aux individus qui avaient fui à notre approche? Des Maures et des nègres avaient été aperçus emportant de l'or; mais, par respect pour la capitulation, on n'y avait pas mis d'obstacle. Il est possible que cet or ait été retiré de la caisse. Nous avons appelé l'attention sur ce fait, parce que, plus tard, une réclamation de l'aga fit présumer que la caisse lui appartenait.

Les bâtimens qu'occupait le dey étaient loin de former, comme on l'a cru, un riche palais. Sept ou huit pièces seulement étaient meublées avec quelque recherche. Les dimensions des plus vastes n'excédaient pas celles d'un grand salon de Paris; généralement elles avaient la forme d'un rectangle, dont la longueur égalait trois ou quatre fois la largeur. Les murs étaient, dans leur partie inférieure, revêtus de carreaux en faïence; dans leur partie supérieure, blanchis à la chaux, ou ornés de dessins fort incorrects. Le mobilier consistait en coussins et divans que couvraient de riches étoffes de Lyon, en coffres, en pendules anglaises à cadran arabe, en miroirs, en vases de verre ou de porcelaine. Le salon où le dey donnait ses audiences et une pièce voisine contenaient les objets les plus précieux. Des fusils d'un travail curieux, et dont la plupart avaient été fabriqués en Espagne et en Italie, des pistolets français, des yatagans et quelques sabres étaient suspendus sur les murs : les fourreaux des yatagans et les bois de quelques fusils étaient garnis en or. On trouva, dans les mêmes pièces, une lunette astronomique et des appareils représentant les mouvemens des planètes. Ces instrumens avaient été donnés en présent par le gouvernement anglais.

Des gendarmes semblaient offrir, comme gardiens, plus de garantie encore que les autres soldats. On en plaça aux portes des chambres qui contenaient des objets de quelque valeur. Ces chambres ne servirent de logement que lorsqu'on eut fait l'inventaire de ce qui s'y trouvait.

Ces détails ont interrompu le récit des événemens relatifs à la prise de possession d'Alger : il est temps de le reprendre.

Le fort, les portes Babazoun et Babaloucte, les forts qui leur correspondent et les batteries de côte, furent occupés en même temps que la porte Neuve et la Casauba. On ignorait à Alger les dispositions consacrées en Europe pour la remise des places. Les miliciens célibataires s'étaient retirés dans les casernes ; ceux qui étaient mariés avaient cherché asile dans les habitations de leurs familles. Sur aucun point la garnison n'avait laissé de postes. Cette incurie aurait pu produire de graves inconvéniens. Il n'en fut point ainsi. Jamais une ville européenne n'avait été occupée avec plus d'ordre.

Les préjugés des Musulmans, leur jalousie, qui n'est jamais plus vive que lorsque des chrétiens en sont l'objet, s'opposaient à ce qu'on fît loger les troupes dans des maisons particulières. Des supplices auraient produit moins d'irritation que l'envahissement du foyer domestique et la profanation des mosquées. Ce qui avait été prescrit à cet égard fut rigoureusement observé. Nos soldats ne franchirent le seuil d'aucune habitation. Des sentinelles ou même des consignes écrites suffirent pour leur fermer l'accès des mosquées. Ce fait n'est pas un des moins honorables de la campagne.

L'escadre, depuis la canonnade du 3 juillet, était restée au large. Après l'explosion du château de l'Empereur, le dey avait envoyé un parlementaire à l'amiral. Cette démarche n'eut aucun résultat. La capitulation, comme on l'a vu plus haut, fut écrite sur les ruines de la forteresse qu'avait battue l'artillerie de terre.

On a dit que, le 5 juillet, une escadre était entrée dans le port à pleines voiles, et sous le feu tonnant de cent bouches à feu. Il nous suffira de rappeler que, pendant toute la journée du 5, des vents contraires tinrent l'armée navale éloignée. Le soir, à six heures, les dépêches du général en chef étaient terminées. Pas un bâtiment n'était à portée de les recevoir. Lorsque, plus tard, *le Sphynx* se fut approché, déjà les dépêches avaient été envoyées à Sidi-Ferruch. Sans cette circonstance, la nouvelle de la prise d'Alger, qui ne parvint à Paris que le 9, au matin, y aurait été reçue le jour précédent.

Le 6, plusieurs bâtimens légers entrèrent dans le port. On y trouva une frégate et une corvette en mauvais état, sept brigs ou goëlettes et un grand nombre de chebecks. Une frégate était en construction. Les magasins de la marine contenaient beaucoup de toile, de cordages et d'approvisionnemens de toute espèce. La frégate et la corvette furent remorquées jusque dans la rade, pour être démolies et servir au chauffage des troupes. On arma quelques brigs. A l'aide des chebecks, on établit une communication entre le port et la rade.

Le peu de capacité du port étonna les marins, et affaiblit dans leur opinion les avantages que la France pouvait retirer de son occupation.

Le quartier-général avait été établi à la Casauba, dont un bataillon de la division Loverdo et deux compagnies d'artillerie formaient la garnison.

Une partie de la brigade Achard occupait le fort Babaloucte et celui des Anglais; l'autre campait dans le terrain environnant.

La brigade Clouet s'était rapprochée d'Alger.

Le premier régiment de marche et le 3e de ligne restèrent au camp de Staouëli, sous les ordres du colonel Roussel. Des détachemens de ces corps formèrent la garnison des redoutes et l'escorte des convois.

Deux bataillons de la division Loverdo étaient établis près de la porte Babazoun; le reste campait en avant de la porte Neuve, et autour du château de l'Empereur.

Le fort Babazoun était occupé par un bataillon de la division d'Escars; le deuxième régiment de marche avait pris position une demilieue en avant, sur les bords de la mer. Les autres corps de cette division étaient répartis sur les hauteurs qui dominent la plage orientale.

L'artillerie de campagne était en batterie, tant sur cette plage que près du fort de l'Empereur. Les sapeurs et la plus grande partie des canonniers étaient logés dans les bâtimens de la marine; deux escadrons du régiment de chasseurs étaient campés à peu de distance des réservoirs de la marine.

Les parcs s'étaient rapprochés de la place. Un emplacement situé entre Babazoun et le château de l'Empereur avait été assigné à celui de l'administration.

L'ordre du jour suivant fut adressé aux troupes :

« La prise d'Alger était le but de la campagne. Le dévouement de l'armée a avancé l'époque où ce but semblait devoir être atteint. Vingt jours ont suffi pour la destruction d'un État dont l'existence fatiguait l'Europe depuis trois siècles. La reconnaissance de toutes les nations civilisées sera pour l'armée d'expédition le fruit le plus précieux de ses victoires. L'éclat qui doit en rejaillir sur le nom français aurait largement compensé les frais de la guerre ; mais ces frais même seront payés par la conquête.

« Un trésor considérable existe dans la Casauba. Une commission, composée de M. l'intendant en chef, de M. le général Tholozé, et de M. le payeur général, est chargée par le général en chef d'en faire l'inventaire ; elle s'occupe sans relâche de ce travail ; et bientôt le trésor conquis sur la Régence ira enrichir le trésor français. »

Le 6, un jeune Turc se présenta aux avant-postes ; le bey de Tittery, son père, l'avait chargé d'une lettre pour le général en chef. Sa figure, plus arabe que turque, annonçait à la fois de la douceur et de l'intelligence. Quoique à peine âgé de seize ans, et se trouvant pour la première fois au milieu de troupes européennes, il montra beaucoup d'assurance, et dit à M. de Bourmont que le bey, disposé à se soumettre, demandait un sauf-conduit pour se rendre à Alger et négocier. Ce langage n'était point d'accord avec la lettre dont il était porteur. Une des phrases de cette lettre était presque menaçante. Lorsqu'on lui eut fait remarquer cette contradiction, il affirma de la manière la plus vive que son père aspirait à notre alliance; que, si sa lettre pouvait laisser quelque doute à cet égard, c'est que sa pensée n'avait pas été fidèlement exprimée par le secrétaire dont il s'était servi; qu'on avait pu le tromper avec d'autant plus de facilité, qu'il ne savait ni lire ni écrire. Cette ignorance, qui paraîtra presque incroyable à des Européens, était fort commune parmi les principaux personnages de la Régence. L'aga, ou chef de la milice, qui, le 18 juin, était à la tête de l'armée ennemie, et que Hussein, son beau-père, avait depuis lors dépouillé de son commandement, n'était pas plus lettré que le bey de Tittery. On remit au jeune envoyé le sauf-conduit, et il retourna auprès de son père, qui se trouvait à Médeah.[1]

Le bey de Constantine ne fit aucune proposition. On sut que des troupes de son contingent s'étaient arrêtées sur la rive droite de l'Harash, près de la ferme de Raponta, une des plus considérables de la Régence; il était à craindre qu'elles n'enlevassent les chevaux, les bestiaux et les grains qui s'y trouvaient. Le général Montlivault reçut l'ordre de s'y porter avec le 34e, et de s'emparer des objets utiles à l'armée qui n'auraient point été la proie de l'ennemi; il était chargé en même temps de reconnaître les batteries de côte, depuis Alger jusqu'au cap Matifoux. A l'approche des troupes françaises, 2,000 Arabes, qui occupaient la ferme, la quittèrent précipitamment, n'y laissant que quelques bestiaux. Après y avoir passé la nuit, le général Montlivault se rapprocha du rivage pour le suivre jusqu'au cap Matifoux. A peu de distance de l'embouchure de l'Harash, on trouve un fort sans fossé, dont la forme est celle d'un carré de 15 mètres de côté. Entre ce fort et le cap, la côte est défendue par dix batteries ouvertes à la gorge, ou fermées par un simple mur. Un

[1] Quatre mois après, ce jeune Turc fut assassiné par un de ses frères.

fort, de figure octogonale, a été construit au cap Matifoux. La longueur de chacun de ses côtés est de 16 mètres; le fossé qui l'entoure a 1 mètre de profondeur. On compte, tant dans les dix batteries que dans les deux forts, cent vingt bouches à feu presque toutes en fonte. L'ennemi avait laissé beaucoup de projectiles; mais presque toute la poudre avait été enlevée.

De retour à la ferme, le général Montlivault y trouva l'ordre de se rapprocher d'Alger, aussitôt après avoir rempli sa mission. Dès le 8, le 34ᵉ campait avec le 23ᵉ autour des jardins de Mustapha-Pacha.

Depuis le 5 juillet, les soldats de la milice turque n'étaient pas sortis, les uns de leurs casernes, les autres de leurs habitations; cette classe formait la principale force militaire de la Régence. Parmi les habitans, les Turcs seuls étant hommes de mer, on devait croire que leur expulsion assurerait pour toujours la destruction de la piraterie; aussi, le général en chef avait-il pris le parti de les faire embarquer successivement. Les célibataires passaient pour les plus braves et les plus remuans; leur nombre s'élevait à mille huit cents. Le commandant de la place reçut l'ordre de les faire désarmer et de leur signifier qu'ils allaient être transportés par mer dans l'Asie Mineure. Le 7 juillet, des détachemens d'infanterie se dirigèrent en même temps vers les différentes casernes; les Turcs attendaient que leur sort fût décidé avec cette résignation qui a sa source dans leurs croyances religieuses. A l'entrée de chaque caserne, on en trouva un grand nombre qui fumaient et prenaient du café. L'arrivée des soldats français ne parut produire sur eux aucune émotion; ils restèrent assis. Leur impassibilité ne se démentit pas même lorsqu'on leur eut fait connaître la décision qui avait été prise à leur égard; ils s'y soumirent sans proférer un seul mot. Chacun d'eux alla chercher son fusil, ses pistolets et son yatagan, et les déposa dans la cour de sa caserne; on transporta les armes dans les bâtimens de la marine qui avaient été affectés à l'artillerie. Les Turcs mariés qui habitaient dans la ville des maisons particulières, furent prévenus qu'ils devaient porter leurs armes à la Casauba; presque tous obéirent.

Cette opération terminée, les membres de la commission des finances parcoururent toutes les pièces de l'appartement du dey, pour faire l'inventaire de ce qui s'y trouvait. Une petite caisse pleine de sequins d'or y avait été laissée; la somme qu'elle contenait s'élevait à 30,000 sequins d'Alger, c'est-à-dire environ 270,000 fr. M. Firino la fit porter au trésor. Dans le moment où s'opérait ce dépôt, le dey, qui dès la veille avait annoncé sa visite, se rendait chez le général en chef; cinquante Turcs, maures ou nègres formaient son escorte : il montait un cheval barbe.

Son costume était d'une extrême simplicité ; il n'y avait de riches broderies ni sur son manteau ni sur ses autres vêtemens. On lui rendit des honneurs militaires. La vue de nos soldats armés ne parut lui causer ni inquiétude ni embarras; son langage, au contraire, annonçait beaucoup de calme et de présence d'esprit. On lui parla de son prochain départ sans qu'il témoignât aucune surprise : sa réponse était toute prête, et il désigna l'île de Malte comme le pays où il désirait chercher un asile. Une lettre du président du conseil avait prévenu M. de Bourmont que nos relations avec le cabinet britannique étaient devenues moins amicales; lord Stewart avait demandé, presque avec le ton de la menace, que le gouvernement français s'engageât à ne point former d'établissement sur la côte d'Afrique. La réponse avait été négative. Dans cet état de choses, le général en chef ne pouvait consentir à ce que le dey choisît, comme lieu de retraite, une contrée soumise à la domination anglaise. Lorsqu'on lui eut fait sentir qu'il fallait renoncer à son projet, il n'insista point, et désigna Livourne. M. de Bourmont lui donna l'assurance qu'il y serait transporté immédiatement.

Hussein réclama une somme de 30,000 sequins qui était restée dans ses appartemens, et dont la capitulation lui faisait espérer qu'il ne serait pas frustré ; cette somme, ainsi qu'on l'a dit plus haut, avait été déposée au trésor. Le général en chef, qui l'ignorait, répondit qu'il ordonnerait des recherches, et que tous les engagemens qui avaient été pris seraient tenus fidèlement.

Avant de quitter pour la dernière fois son ancienne demeure, le dey exprima le désir d'entrer dans le salon d'audience. M. de Bourmont l'y conduisit, et l'autorisa même à faire retirer, tant de cette pièce que de toutes les autres parties de la Casauba, les objets qu'il avait à cœur de conserver. Hussein choisit les plus belles armes ; il fit prendre des pièces d'étoffe de Lyon, ainsi que les couvertures en velours des coussins et des divans. Ce jour-là et les deux jours qui suivirent, des hommes à son service usaient largement de l'autorisation qui avait été accordée ; presque tous les objets qu'ils emportèrent furent vendus à des Juifs, et achetés plus tard par des Français.

L'aga, qui avait accompagné son beau-père,

affirma qu'une caisse contenant environ 7000 sequins, et qui lui appartenait, était restée dans la Casauba.

Les armes qui se trouvaient dans le salon d'audience n'étaient point la propriété personnelle du dey. M. de Bourmont crut devoir les faire distribuer aux officiers généraux et supérieurs de l'armée. La répartition fut réglée de la manière suivante :

On remit aux lieutenans-généraux un fusil, un sabre, un yatagan et une paire de pistolets; aux maréchaux-de-camp, un fusil, un yatagan et des pistolets; aux officiers supérieurs, un yatagan : les armes des miliciens, qui n'avaient aucune valeur, furent distribuées avec moins de régularité. Tel fut, pour les officiers d'une armée qui avait fait une si riche conquête, le seul fruit matériel de la victoire.

L'occupation du port d'Alger devait donner lieu à des modifications dans le service des transports de l'armée. Jusqu'alors les convois avaient continué de suivre la route ouverte aux voitures depuis Sidi-Ferruch jusqu'à Alger. Les escortes et les redoutes rendaient l'ennemi circonspect, et aucune attaque sérieuse n'avait eu lieu; mais les précautions qu'il fallait prendre fatiguaient les troupes, et contribuaient à augmenter le nombre des malades, surtout dans la presqu'île et dans le camp de Staouëli : l'air y devenait moins salubre à mesure que les sources tarissaient et que la chaleur devenait plus vive.

Depuis la prise d'Alger, les convois avaient à franchir un espace de plus de vingt mille mètres. Dans cet état de choses, dix-huit cents chevaux étaient constamment employés au service des transports, tant pour l'artillerie que pour l'administration. Il était d'autant plus urgent d'en réduire le nombre, que le théâtre de la guerre n'offrait pour les nourrir presque aucune ressource. Il fut décidé qu'à l'avenir le port d'Alger recevrait les subsistances, les fourrages et les autres objets nécessaires à l'armée qui se trouvaient encore sur les bâtimens de commerce; mais les approvisionnemens déjà réunis dans la presqu'île continuèrent d'être transportés par la route de Staouëli. Quant aux pièces de siége qui avaient été mises à terre, elles furent embarquées et renvoyées à Toulon. La consommation de poudre et de projectiles avait été peu considérable : les bouches à feu mises en batterie contre le fort de l'Empereur n'avaient tiré, terme moyen, que soixante-dix coups.

Les chefs des deux armées arrêtèrent de concert les mesures à prendre pour ces divers objets. Il n'y avait eu entre eux de dissidence sur aucun point de quelque importance.

L'intendant en chef s'occupa de l'organisation des hôpitaux : un matériel considérable avait été transporté de France, et déjà on en avait débarqué une partie dans la presqu'île. Tout ce qui n'était pas nécessaire pour l'hôpital qu'on y avait formé fut envoyé à Alger; mais on manquait dans cette ville d'emplacemens propres à recevoir un grand nombre de malades : les seuls bâtimens spacieux étaient les casernes et les magasins du gouvernement. Plusieurs casernes furent occupées par le 15e de ligne. On affecta au service des hôpitaux celles de Castratine et de Babazoun. Les magasins étaient encombrés de laines, de cire et d'autres objets. On n'a pas tenu compte à l'administration des difficultés de toute espèce qu'elle eut à surmonter. Dans plusieurs capitales de l'Europe, des hôpitaux avaient été créés comme par enchantement; fallait-il s'étonner de ce que les mêmes résultats n'étaient pas obtenus dans une ville africaine?

La plus grande partie des troupes était encore au bivouac. On fit débarquer des tentes; mais cette mesure n'eut pas tous les effets qu'on en avait attendus. Les tentes ne pouvaient être occupées que pendant la nuit : à mesure que le soleil s'élevait, la chaleur y devenait insupportable. Les soldats, pendant le jour, se mettaient à l'abri sous des huttes de branchages.

La police d'Alger et l'administration du pays fixèrent l'attention du général en chef. Il nomma M. d'Aubignosc lieutenant-général de police.

On établit sur le port un bureau de douanes. Les marchandises introduites étaient soumises à un droit de cinq pour cent. Le droit prélevé sur les exportations était moitié moindre. On avait maintenu le tarif établi sous le gouvernement du dey. Les navires français en furent affranchis.

Une commission, dite de *gouvernement*, fut chargée de faire des recherches sur les ressources du pays, sur ses revenus, sur le mode de perception et sur les améliorations de toute espèce qu'il était possible d'introduire sans heurter les préjugés des habitans : elle était composée de M. Denniée, président ; de M. le général Tholozé ; du payeur général ; de M. Deval, consul de France ; et de M. de Bussière, qui remplissait les fonctions de secrétaire. Un de ses premiers actes fut de proposer au général en chef et de faire décider par lui la formation d'un conseil municipal, dans lequel furent appelés les Maures qui avaient le plus d'influence. On donna la présidence à ce Bouderbah que le dey avait envoyé, le 4 juillet, auprès du général en chef.

M. Bruguière, sous-intendant militaire, fut

nommé commissaire du Roi auprès de ce conseil. Son esprit conciliant, sa probité sévère, l'étude qu'il avait faite des langues et des mœurs de l'Orient, le rendaient propre aux fonctions qui lui étaient confiées.

Un Arabe, désigné par les membres du conseil municipal, fut chargé, sous le nom de *syndic*, des négociations à établir avec les cheiks des différentes tribus; il se nommait *Hamden*.

Il eût été contraire aux idées du pays de soumettre les Juifs à l'autorité d'une réunion de Maures; ils continuèrent d'avoir un chef et des juges particuliers. Bacri semblait être parmi eux celui qui réunissait le plus de suffrages. Toutefois, désirant exercer l'autorité sans faire naître l'envie et la haine, il demanda et obtint que son fils fût nommé chef de la population israélite.

La commission des finances s'occupait avec activité de l'inventaire du trésor; mais plusieurs jours devaient s'écouler avant que l'opinion pût être fixée sur la quantité d'argent qui s'y trouvait. Le général en chef, qui, d'après l'assertion du consul anglais et du juif Durand, regardait comme trop faible l'évaluation de M. Firino, écrivit au président du conseil que la conquête du trésor, de l'artillerie et des magasins de toute espèce que renfermait Alger, équivalait, pour la France, à une somme de près de 80 millions. Cette estimation, dont on reconnut plus tard l'inexactitude, devint un moyen d'attaque. On pouvait répondre aux accusateurs que celui qui aurait songé à s'approprier une partie du trésor, se serait bien gardé d'en exagérer la valeur.

M. de Bourmont demandait que 50 millions fussent consacrés au paiement des frais de la guerre ; que le Roi accordât à l'armée une gratification de 3 autres millions, et que le reste servît à payer l'arriéré des traitemens de la Légion-d'Honneur. Il attachait une grande importance à ce que cette dernière proposition fût accueillie. Faire acquitter par nos jeunes soldats les créances de leurs devanciers paraissait une mesure à la fois politique et généreuse.

La répartition des 3 millions demandés pour l'armée était réglée de la manière suivante :

Pour les lieutenans-généraux. . . .	24,000 fr.
Pour les maréchaux-de-camp.. . .	16,000
Pour les colonels.	8,000
Pour les lieutenans-colonels. . . .	6,000
Pour les chefs de bataillon.	4,000

Tous les autres individus de l'armée devaient recevoir trois mois de solde.

Quelques personnes ont pensé que le général en chef aurait dû, sans attendre la réponse du gouvernement, ordonner le paiement des gratifications. Des exemples nombreux semblaient l'y autoriser.

En Angleterre, on aura peine à comprendre que, dans la prise considérable qu'a faite l'armée d'Afrique, aucune part ne lui soit échue. Après la chute de l'empire de Mysore, toutes les richesses de Tipoo-Saïb furent considérées comme la propriété des vainqueurs. Les officiers-généraux virent leur fortune assurée; chaque soldat reçut une somme de près de 100 livres sterling.

Par une étrange fatalité, la scrupuleuse réserve de M. de Bourmont fut une des principales causes des bruits injurieux qui se répandirent. La mauvaise humeur des militaires dont les espérances avaient été déçues les disposait au soupçon. Beaucoup de ceux qui campaient hors des murs s'imaginèrent qu'une pluie d'or tombait sur les habitans de la Casauba; quelques-uns l'écrivirent en France, et leurs lettres colportées parurent des preuves irrécusables. Le désintéressement est de toutes les vertus celle dont les hommes sont le plus disposés à douter.

Le 8, les Turcs célibataires commencèrent à s'embarquer. Chacun d'eux reçut une somme de cinq piastres d'Espagne à titre d'indemnité pour les armes qu'il avait remises. Ils parurent aussi surpris que touchés de cette largesse.

Le bey de Tittery entra le même jour dans Alger avec une suite de cinquante Turcs ou Arabes; il se rendit chez le général en chef, et protesta de sa soumission et de sa fidélité au roi de France. On lui promit de lui donner l'investiture de son gouvernement, à condition qu'il prêterait foi et hommage, et qu'il s'engagerait à verser dans le trésor de l'armée le tribut qu'il payait au dey d'Alger. Il exprima le désir de rester plusieurs jours dans cette ville. Le général en chef y consentit, et lui assigna pour son logement une maison de campagne située en avant de la porte Babazoun. Plusieurs cheiks suivirent son exemple, et vinrent faire acte de soumission. Parmi eux on reconnut un des Arabes qui, le 18 juin, s'étaient présentés aux avant-postes de la division Loverdo.

Un brig venu de Tunis avait mouillé le 2 juillet dans la baie de Sidi-Ferruch; deux envoyés du bey, qui se trouvaient à bord de ce bâtiment, étaient chargés de complimenter le général en chef sur les premiers succès de la campagne. On ne les fit débarquer qu'après la prise d'Alger. Le 8, ils arrivèrent au quartier-général, escortés par un détachement de chasseurs. L'un d'eux était proche parent du bey. Après avoir rempli leur mission, ils retournèrent par mer dans leur pays.

L'armée, depuis le 24, avait été abondamment pourvue de viande fraîche; mais les ressources commençaient à s'épuiser. Le bey de Tittery promit d'envoyer des bestiaux; il tint parole, et peu de jours après son arrivée, quinze cents bœufs furent, par ses ordres, conduits jusqu'aux portes d'Alger. Il eût été impossible de les y nourrir. Autour de la ville, la terre était dépouillée de verdure. On les fit rétrograder vers la plaine de la Metidja, et le bey assura qu'ils y resteraient à la disposition de l'armée.

Les grains étaient en quantité moindre qu'on ne l'avait supposé. Le blé qui se trouvait dans les magasins de la Régence aurait à peine suffi pendant quarante jours à la consommation de l'armée; il était généralement avarié. Quand bien même il eût été de bonne qualité, cet approvisionnement n'aurait pas offert une ressource immédiate. En se servant des meules du pays, on n'obtient qu'une espèce de gruau, et par suite un pain friable, fort différent de celui que l'on distribue dans nos armées. Aussi l'administration n'employa-t-elle que des farines expédiées de France.

Les préjugés religieux des Algériens leur interdisant l'usage des liqueurs fermentées, on ne trouva de vin ni dans les magasins du gouvernement, ni chez les particuliers. La consommation de cette denrée était considérable. Le nombre des hommes atteints de la dysenterie s'accroissant tous les jours, un avis du conseil de santé avait fait porter à un demi-litre la ration de vin. Cette mesure ne produisit aucune amélioration; peut-être même a-t-elle augmenté le mal. Les hommes les plus sobres étaient ceux qui guérissaient le plus promptement. Bientôt les hôpitaux de Castràtine et de Babazoun furent insuffisans. On dressa dans les jardins de Mustapha-Pacha des baraques semblables à celles qui, dans la presqu'île, avaient abrité nos malades et nos blessés. Le lieu était aussi riant que salubre. Il fallut en outre créer des hôpitaux régimentaires, et profiter du départ de tous les bâtimens qui retournaient en France pour envoyer des malades dans l'île de Minorque, à Toulon et à Marseille. La traversée était salutaire aux hommes qui n'étaient pas dangereusement atteints; mais elle hâtait la fin de ceux chez qui la dysenterie avait dégénéré en maladie aiguë. Presque tous les individus de l'armée éprouvaient le désir de revoir la France. La prise d'Alger paraissant avoir terminé la campagne, les opérations militaires n'inspiraient plus qu'un faible intérêt; on n'était frappé que du triste aspect de la ville, et plus encore de la privation de toute espèce de relation sociale. L'accès des maisons particulières était fermé aux Français. La langue, la religion, les usages, élevaient une barrière insurmontable entre eux et les habitans. En Allemagne, en Italie, et même en Espagne, quelques distractions charmaient les ennuis de ceux de nous qui restaient plusieurs années séparés de leur pays et de leurs familles. En Afrique, cette séparation était insupportable; aussi beaucoup de soldats et même d'officiers entraient-ils à l'hôpital dans l'espoir d'obtenir leur passage en France. Il fallut avoir recours à des mesures restrictives. Aucun militaire ne fut autorisé à s'embarquer, que lorsqu'il eut été constaté à la fois par le chef du corps dont il faisait partie, et par les médecins des hôpitaux, qu'un plus long séjour en Afrique compromettrait son existence.

Ce fut le 8 juillet que le général en chef rendit au dey la visite qu'il avait reçue. Plusieurs officiers-généraux et officiers d'état-major l'accompagnaient. Hussein avait changé d'avis sur le lieu de sa retraite; il désigna Naples, et ce nouveau projet ne donna lieu à aucune objection. La réclamation qu'il avait faite des 30,000 sequins laissés à la Casauba fut renouvelée par lui. M. de Bourmont, après avoir promis de les lui envoyer le lendemain, lui demanda si ce qu'il possédait suffirait pour assurer en Italie son existence et celle de sa famille. Le dey lui répondit qu'il était tranquille sur l'avenir, sachant bien que le roi de France était trop généreux pour le laisser mourir de faim. Interrogé sur l'état de ses dettes et de ses créances, il dit qu'un bâtiment léger qu'il faisait construire à Gènes n'était pas encore payé; que c'était là sa seule dette; que le bey de Constantine lui devait 60,000 piastres, mais que depuis long-temps il avait perdu l'espoir de recouvrer cette somme; que les beys, quoique ses tributaires, avaient reçu de lui plus d'argent qu'ils ne lui en avaient apporté. Une créance de 5,000 piastres sur le consulat d'Espagne lui paraissait plus solide; il l'abandonna au gouvernement français, en priant le général en chef de faire remettre 1,500 piastres à un médecin espagnol qui lui avait donné des soins dans une maladie grave.

On lui témoigna quelque surprise sur la confiance avec laquelle il avait attendu l'issue d'une lutte inégale. Il avoua qu'il s'était fait illusion sur ses moyens de résistance; convaincu que le débarquement serait suivi de la ruine de toute l'armée française, il n'avait pris aucune disposition pour s'y opposer. La promptitude avec laquelle notre artillerie de siége avait été conduite devant Alger et mise en batterie, avait surtout trompé tous ses calculs. Avant de se séparer de M. de Bourmont, il lui parla d'une manière fort touchante de la mort de son fils, qu'on avait apprise la veille.

Il reçut le lendemain les 30,000 sequins qu'il avait réclamés. En les lui remettant, on lui demanda s'il avait existé des pierres précieuses dans le trésor d'Alger. Il répondit que, long-temps avant qu'il fût élevé à la dignité de dey, toutes les pierreries qui appartenaient au gouvernement avaient été converties en argent monnoyé et en lingots; que celles qu'il avait emportées de la Casauba étaient sa propriété; que toutefois, si on l'exigeait, il ne ferait aucune difficulté pour les remettre. On lui donna l'assurance que, sur ce point comme pour tout le reste, la capitulation serait religieusement observée. Quelques lignes écrites de sa main confirmèrent ce qu'il avait dit : le mensonge est rare chez les Turcs, et tout porte à croire que sa déclaration était conforme à la vérité. La restitution faite au dey détermina l'aga son gendre à renouveler ses instances. Il y avait lieu de croire que la caisse qu'il réclamait était celle qui, le 5 juillet, avait été trouvée dans la cour principale de la Casauba, et qu'on avait déposée au trésor. Il reçut du payeur général

5,000 sequins. M. de Bourmont pensa que le sacrifice de cette somme serait largement compensé par l'opinion que les Algériens allaient concevoir de notre bonne foi.

Sur les 37,000 sequins que réclamèrent le dey et l'aga, 4,000 environ, c'est-à-dire 32 à 33,000 fr., avaient disparu; des lingots d'argent pour une somme à peu près égale avaient en outre été enlevés dans le lieu où se fabriquait la monnaie. Telles sont les seules valeurs qui aient été soustraites, soit par les vainqueurs, soit par les vaincus.

Le 10 fut le jour fixé pour l'embarquement de Hussein; cent dix personnes l'accompagnaient : parmi elles se trouvaient cinquante-cinq femmes, dont quatre seulement avaient le titre d'épouse. Naples n'ayant point de lazareth, on décida que les passagers feraient quarantaine à Mahon. Un capitaine d'état-major avait été chargé des dispositions relatives au départ. Au moment de s'embarquer, le dey le remercia des soins qu'il avait pris, et lui offrit une somme d'argent, comme témoignage de sa reconnaissance. Le refus de l'officier parût lui causer une extrême surprise.

Les propositions d'avancement faites après la prise d'Alger par les lieutenans-généraux commandant les divisions, et par les chefs des différens services, furent comprises dans un état général, et adressées au président du conseil : quatre maréchaux-de-camp étaient présentés pour le grade de lieutenant-général, huit colonels pour celui de maréchal-de-camp. On demandait deux cent quarante décorations de chevalier de la Légion d'Honneur; quarante décorations tant de grand-cordon que de grand-officier, commandeur et officier; cent croix de chevalier de Saint-Louis; six de commandeur dans le même ordre. Ces demandes parurent trop nombreuses, et le général en chef fut invité à les réduire. Il persista; mais, comme on l'a déjà dit, les nominations n'étaient point encore faites lorsque les événemens de juillet les firent ajourner. Dans la formation de ses listes, le général en chef montra constamment beaucoup d'impartialité. Il est d'autant plus juste de le faire remarquer, que généralement on le supposait dominé par des passions politiques; jamais on ne l'entendit s'enquérir que des services et des qualités militaires des officiers qui servaient sous ses ordres. Le jour où son travail fut expédié, il passa en revue la deuxième et la troisième division d'infanterie, le régiment de chasseurs, et les troupes d'artillerie et du génie. La tenue était beaucoup plus belle qu'on ne devait s'y attendre après un mois de traversée et de bivouacs continuels. Les attelages des batteries avaient peu souffert. Le lendemain une revue de la brigade Achard donna lieu à des observations semblables.

Quoique la gendarmerie n'eût pas fait de perte, sa force n'était pas en rapport avec le service dont elle était chargée. Cent vingt-cinq hommes ne pouvaient suffire pour la garde du trésor, la police du quartier-général, de la ville et des marchés, et la surveillance des prisons. On créa une compagnie de gendarmes à pied, qui devaient être choisis parmi les meilleurs sujets des régimens d'infanterie. On en demanda trente-cinq à chaque division; une haute paie de 50 c. leur fut allouée. M. Bonnegarde, lieutenant dans la garde royale, eut le commandement de la compagnie.

Un intérêt non moins pressant appelait la sollicitude du général en chef; il fallait prendre des mesures pour préserver l'armée des maladies pestilentielles qui règnent fréquemment dans la partie orientale du bassin de la Méditerranée. Un bureau de santé fut établi dans le port d'Alger. Les règles adoptées par l'intendance de Marseille servirent à fixer la durée des quarantaines; c'était le plus sûr moyen d'obtenir une réduction dans celles que subissaient en France les individus venant d'Alger.

L'amiral, d'accord avec M. de Bourmont, relativement à l'utilité de ces mesures, donna les ordres nécessaires pour que l'on écartât du port les bâtimens qui n'auraient pas obtenu d'autorisation de débarquement; l'administration demandait qu'après avoir été plongés dans la mer les bestiaux expédiés de Tunis fussent considérés comme en libre pratique. Les négocians qui faisaient partie du conseil de santé opposèrent à cette proposition les statuts de l'intendance de Marseille. Ils représentèrent qu'une pareille tolérance compromettrait le succès des dispositions qui allaient être prises. Il fut décidé que les bestiaux, comme les autres provenances de Tunis, seraient assujettis à une quarantaine de dix jours.

Le syndic des Arabes avait envoyé des hommes de sa nation sur la route de Constantine; ils furent de retour le 13 juillet. Le bey, après s'être arrêté à trois journées d'Alger, avait poursuivi sa marche vers le chef-lieu de son gouvernement; mais des tribus arabes lui disputaient le passage d'un défilé connu sous le nom de *Portes de Fer*. Cent des Turcs qui l'accompagnaient avaient péri. Plusieurs cheiks de la province de Constantine paraissaient disposés à traiter avec les Français et à leur payer tribut; parmi eux on crut, d'après le rapport des émissaires, reconnaître celui qui s'était présenté au général en chef déguisé en mendiant.

La journée du 14 fut marquée par un grave accident. Une compagnie d'infanterie occupait un ancien magasin à poudre; malgré la précaution que l'on avait prise de laver le plancher, des grains qui s'étaient logés dans les interstices s'enflammèrent. Le feu s'étant communiqué à plusieurs gibernes, il y eut une violente explosion; trois hommes périrent, sept ou huit furent blessés.

Le 15, le bey de Tittery reçut l'investiture, et prêta serment au roi de France; il partit ensuite pour Medeah.

Le ministère français songeait à tirer vengeance de l'insulte faite à un de ses agens par le dey de Tripoli; ses intentions avaient été notifiées au général en chef. Une dépêche du président du conseil, en date du 4 juillet, lui prescrivait de profiter, après la prise d'Alger, de l'impression que cet événement devait produire parmi les peuples barbaresques pour exiger une réparation éclatante; on voulait qu'en même temps il fît occuper Bonne. Cette dernière opération se liait au projet de rétablir les concessions africaines, et de soumettre à l'autorité de la France tout le littoral depuis l'Harash jusqu'aux frontières de Tunis; la ville d'Alger, les contrées de la Régence qui se trouvent à l'ouest de l'Harash, et une grande partie du beylick de Constantine, devaient être cédées à la Porte. Ce projet fut vivement combattu par M. de Bourmont; dans sa réponse, il insista particulièrement sur la nécessité de chasser les Turcs de l'Afrique, si l'on voulait avoir une garantie certaine contre le rétablissement de la piraterie. Abandonner Alger à la Porte, c'était, à ses yeux, agir directement contre le but même de la campagne; quant à l'expédition contre Tripoli et à l'occupation de Bonne, les ordres du gouvernement étaient trop formels pour qu'on en différât l'exécution. L'amiral Duperré, à qui le ministre de la marine avait adressé des instructions, écrivit au général en chef que les moyens de défense de la ville de Tripoli n'exigeaient pas la coopération de l'armée de terre; et qu'avec les forces navales seules, on contraindrait le dey aux réparations que réclamait l'honneur de la France. M. de Bourmont renonça d'autant plus facilement au projet d'envoyer des troupes à Tripoli, que dès lors il songeait à soumettre le bey d'Oran.

Le commandement de l'expédition de Bonne fut confié au général Damremont, que distinguaient à la fois un caractère ferme et un esprit éclairé. Les deux régimens de sa brigade, une batterie de campagne non attelée, et une compagnie de sapeurs, furent destinés à marcher sous ses ordres; ces dispositions prises, on attendit que celles de la marine fussent terminées.

La commission des finances continuait ses opérations; il eût fallu trop de temps pour compter l'argent du trésor: on crut devoir se borner à former des masses d'un poids égal. Le 17 juillet, une somme de 10,500,000 francs fut transportée sur *le Duquesne*, qui allait faire voile vers Toulon. Le général Valazé, dont la santé était gravement altérée, s'embarqua sur ce vaisseau; son activité, son expérience, et l'aménité de son caractère, le firent vivement regretter. Le lieutenant-colonel Dupau prit le commandement du génie, et fut chargé de diriger plusieurs travaux dont on avait déjà prescrit l'exécution; il était surtout urgent de réparer celui des fronts du château de l'Empereur que l'explosion avait presque entièrement détruit.

Des maisons adossées, du côté de la ville, aux revêtemens de la Casauba, facilitaient l'attaque de cette forteresse, et l'exposaient même à une surprise; elles furent démolies.

On ouvrit une communication directe entre la campagne et la Casauba, qui jusqu'alors n'avait eu d'issue que vers la ville.

Les rues étaient trop étroites pour que des voitures pussent circuler depuis le port jusqu'aux portes Babazoun et Babalouet; on les élargit en abattant un grand nombre de petites maisons et de boutiques. Cette opération rendit beaucoup plus facile le service des transports.

La partie la plus difficile de ces travaux était exécutée par les sapeurs et les mineurs; les soldats d'infanterie étaient chargés des démolitions et des déblais. On n'employa les ouvriers du pays que pour la réparation des aquéducs. Beaucoup de conduits avaient été brisés par les soldats, qui en détournaient l'eau dans leurs camps, et les dégradations étaient trop fréquentes pour qu'on pût y remédier à mesure qu'elles étaient commises. Les fontaines de la ville et de la Casauba étaient devenues peu abondantes; celles du port n'offraient plus à la marine qu'une ressource insuffisante. On eut recours à des mesures répressives; elles ne firent qu'atténuer le mal.

Les travaux de la brigade topographique, qui avaient commencé le jour du débarquement, prirent, après la reddition d'Alger, une nouvelle activité; plusieurs capitaines d'état-major et la plupart des aides-majors furent appelés à seconder les ingénieurs géographes. Après s'être fait remarquer sur le champ de bataille par leur ardeur et leur intelligence; ils rendirent des services d'une autre nature, lorsque les hostilités furent suspendues. En voyant ces heureux résultats, les officiers-généraux qui faisaient partie de l'armée applaudirent à la pensée qu'avait conçue le maréchal Saint-Cyr; tous convinrent qu'à aucune autre époque le corps d'état-major n'avait compté, proportionnellement, plus d'officiers distingués: les aides-majors, presque sans exception, méritèrent les éloges des chefs de corps sous les ordres desquels ils étaient employés.

Le 18, le bateau à vapeur *le Sphynx*, qui avait porté en France la nouvelle de la prise d'Alger, entra dans le port de cette ville; avant qu'il eût quitté la rade de Toulon, une dépêche télégraphique avait annoncé au préfet maritime que M. de Bourmont était élevé à la dignité de maréchal, et l'amiral à celle de pair de France. Cette double nomination avait eu lieu le 15; elle fit espérer que les propositions faites pour l'armée seraient favorablement accueillies.

Un bâtiment léger qui était parti d'Oran le 7 juillet, entra le 21 dans le port d'Alger. Deux Juifs, qui se trouvaient à bord, annoncèrent au maréchal que le bey était décidé à se reconnaître vassal du roi de France. La soumission de ce bey paraissait un événement d'autant plus heureux qu'il était renommé pour sa justice, et qu'on espérait que beaucoup de chefs de tribus suivraient son exemple. M. de Bourmont fit partir pour Oran son fils aîné, qui remplissait auprès de lui les fonctions d'aide-de-camp. Cet officier s'embarqua sur le brig *le Dragon*. Il devait, après avoir reçu le serment du bey, lui remettre un diplôme qui lui laissait l'exercice de son autorité.

Les magasins de toute espèce que l'on avait formés près du point de débarquement ayant été presque entièrement évacués sur Alger, le maréchal crut devoir rapprocher de cette ville les troupes qui se trouvaient encore dans le camp de Staouëli et dans les redoutes. Cette disposition était d'autant plus urgente que, sur ces différens points, le nombre des malades avait continué de s'accroître.

Le 23 juillet, le second régiment de marche et le 3e de ligne se mirent en marche, et vinrent s'établir dans l'emplacement que la brigade Montlivault avait occupé pendant le siége. Les détachemens de chasseurs qui étaient restés dans la presqu'île et à Staouëli pour le service de la correspondance et des escortes, rejoignirent leur régiment près des réservoirs. Les troupes d'artillerie, du génie et d'administration quittèrent Sidi-Ferruch lorsque leur présence y fut sans objet.

On prescrivit au colonel Léridant de se mettre en route avec le second bataillon de son régiment, lorsque l'évacuation des magasins serait terminée, et que les pièces marines qui armaient les ouvrages auraient été embarquées. Le bataillon dès lors campa en dehors de l'enceinte. On avait cru que l'air y serait plus pur que dans l'intérieur. Cependant il n'y eut pas d'amélioration dans l'état sanitaire des troupes.

Depuis la prise de possession d'Alger, le général La Hitte avait fait faire l'inventaire du matériel d'artillerie qui se trouvait dans la place, dans les forts et dans les batteries de côte. Le nombre des bouches à feu s'élevait à dix-huit cents; près de la moitié étaient en bronze. Le poids moyen de celles-ci s'élevait à trois mille kilogrammes. Les magasins à poudre contenaient environ onze mille barils de cinquante kilogrammes chacun. La plus grande partie de cette poudre avait été fabriquée en Angleterre: il y en avait un tiers d'avarié. Le nombre des projectiles était proportionnellement aussi considérable. On avait en outre trouvé dans les magasins de la Régence une immense quantité de plomb. A la fin de 1830, six cents pièces en bronze et quatre mille barils de poudre avaient été déjà transportés en France. Ainsi l'expédition d'Alger, loin d'avoir épuisé nos arsenaux, a considérablement accru la masse des approvisionnemens de guerre.

Une des bouches à feu avait été fondue en France sous Louis XII; sept l'avaient été sous François Ier, une sous Henri II, une sous Louis XIII. Il y a quelque raison de croire que les plus anciennes, après avoir été prises aux Français par les Espagnols, furent abandonnées par ceux-ci dans l'expédition de 1541.

Le magasin à poudre le plus considérable était, sans comparaison, celui de la Casauba. La voûte était couverte de sacs à terre; il y avait un double mur d'enceinte; des sentinelles empêchaient les soldats de la garnison de s'en approcher. Malgré ces motifs de sécurité, l'attention se portait quelquefois sur les effets désastreux qu'aurait une explosion. Le général La Hitte donna des ordres pour que ce magasin fût évacué; mais les précautions à prendre occasionnèrent des retards, et l'opération ne fut terminée qu'à la fin du mois d'août.

Depuis le 5 juillet, nos avant-postes n'avaient point été attaqués. Les Arabes des tribus de la Metidja, et même les habitans des montagnes, venaient en foule vendre aux troupes françaises les produits de leur sol. L'abondance régnait dans la ville et dans les camps, et, pour nos soldats, le vœu d'Henri IV était presque accompli. D'une part, la soif du gain, passion si vive chez les Arabes, semblait une garantie du maintien de la paix; de l'autre, l'extrême mobilité de leur caractère et surtout leur fanatisme religieux pouvaient à chaque instant faire recommencer les hostilités.

On apprit qu'une bande armée avait enlevé dans la Metidja presque tous les bœufs envoyés par le bey de Tittery. Le maréchal pensa qu'une excursion dans l'intérieur du pays le mettrait à portée d'apprécier exactement les dispositions des habitans, et qu'elle aurait en outre l'avantage de leur donner une plus haute opinion de nos forces. Ils s'étaient imaginé, nous disait-on, qu'affaiblie par les pertes qu'elle avait faites sur le champ de bataille et dans les hôpitaux, l'armée française était réduite à camper sous le canon d'Alger. Des motifs d'une autre nature portaient M. de Bourmont à s'avancer jusqu'au pied de l'Atlas. La plaine de la Metidja ayant été indiquée comme éminemment propre à l'établissement d'une colonie, il était important pour lui de reconnaître jusqu'à quel point cette opinion était fondée. Une circonstance particulière acheva de le déterminer : menacés par les Cabaïls des montagnes voisines de leur ville, les habitans de Belida, réclamaient notre protection. Plusieurs émissaires vinrent successivement au quartier-général; ils paraissaient convaincus que l'apparition d'un corps français suffirait pour écarter l'orage prêt à fondre sur eux. L'un d'eux affirmait qu'à peine sept heures de marche séparaient Alger de Belida, et que souvent il avait franchi cette distance deux fois le même jour. On reconnut plus tard que l'assertion était inexacte.

Lorsque le conseil municipal, qui négociait avec les chefs de quelques tribus, connut le projet du maréchal, il fit quelques efforts pour l'en détourner. Les Maures supposaient que notre excursion, quoique pacifique, serait considérée comme un acte d'hostilité; mais déjà les ordres étaient donnés; leur révocation aurait été attribuée à la crainte. Regardant cet inconvénient comme plus grave que celui qu'on voulait lui faire éviter, et persuadé d'ailleurs qu'une attaque serait peu dangereuse, le maréchal persista dans sa résolution.

Le 23 juillet fut le jour fixé pour son départ. Un détachement de mille hommes d'infanterie avait paru devoir suffire. Le duc d'Escars reçut l'ordre de le former dans sa division, dont les camps étaient traversés par la route de Belida; il le composa d'un bataillon du premier régiment de marche et de huit compagnies d'infanterie de ligne, prises dans la deuxième et la troisième brigade. Un escadron de chasseurs à cheval, deux pièces de 8, deux obusiers de montagne et une compagnie de sapeurs furent destinés à s'y joindre. On mit ces troupes sous les ordres du général Hurel. Il était à craindre qu'à l'époque de la canicule, des marches trop fortes n'augmentassent l'encombrement des hôpitaux. L'infanterie, les quatre bouches à feu, partirent dans l'après-midi du 22, et allèrent bivouaquer à trois lieues d'Alger, en arrière de l'Ouet-Kerma, cet affluent de l'Harash, dont on a déjà fait mention. Le 23, à quatre heures du matin, les troupes que commandait le général Hurel continuèrent leur marche. Le maréchal sortait d'Alger à la même heure, avec deux compagnies d'élite, une compagnie de sapeurs et quelques chasseurs à cheval; il était accompagné des généraux d'Escars, Desprez et La Hitte; du lieutenant-colonel Dupau, du colonel Filosofof, du capitaine de vaisseau Mancel, du prince de Schwartzemberg, des autres volontaires étrangers, et d'un grand nombre d'officiers d'état-major, impatiens de voir une ville jusqu'aux murs de laquelle bien peu d'Européens avaient pénétré. Le syndic Hamden, deux membres du conseil municipal et dix ou douze Maures ou Arabes se joignirent à son escorte. Six voitures d'artillerie, chargées de vin, de pain et de biscuit, partirent en même temps. On s'attendait à trouver de la viande en abondance.

La voie romaine sur laquelle on cheminait, est, jusqu'à deux lieues et demie d'Alger, ombragée par des arbres de différentes espèces, et par des haies d'une grande élévation. Deux cafés que l'on rencontre, le premier à une lieue et demie de la ville, l'autre à une distance presque double, offrent aux voyageurs d'agréables stations; l'air y est rafraîchi par des fontaines abondantes. Les voitures passèrent d'abord sans beaucoup de difficultés. Il n'en fut pas de même lorsqu'elles eurent atteint la berge gauche de la vallée de l'Ouet-Kerma. Cette berge est déchirée par de nombreuses ravines : c'était près de là qu'avait bivouaqué le détachement du général Hurel. Les compagnies d'élite qui avaient fait partie de l'escorte du maréchal s'établirent dans le même emplacement, et furent destinées à servir de poste intermédiaire. On croyait être à égale distance d'Alger et de Belida; la compagnie de sapeurs fut chargée de réparer le chemin en deçà et au-delà du ruisseau. Le général La Hitte donna l'ordre aux conducteurs d'une voiture dont le timon s'était brisé, de rester jusqu'à son retour avec les compagnies d'infanterie.

Le maréchal continua sa route avec un détachement de chasseurs, et passa l'Ouet-Kerma sur un pont en maçonnerie. Au-delà, le terrain que l'on eut à traverser est couvert de buissons élevés; de fortes inégalités y rendaient difficile la marche des voitures. A une petite lieue du pont, on se trouve dans la Metidja, dont une partie est comprise dans le bassin de l'Harash, et dont l'autre appartient à celui du Massafran. On a déjà dit qu'aucune arête sensible n'y marque la ligne de partage. Aussi, dans un espace assez considérable, les eaux incertaines forment des marécages durant une partie de l'année. Le bassin du Massafran s'étend jusqu'à une très petite distance des rives de l'Harash.

L'aspect de la Metidja est loin de justifier les récits pompeux de quelques voyageurs. Le sol, quoique propre aux céréales, est presque partout inculte. Les nombreux troupeaux qu'il nourrit forment la principale richesse des habitans. Ceux qui appartenaient au dey ou aux principaux personnages de la Régence étaient, pendant les jours pluvieux, réunis dans de vastes fermes. Ce sont presque les seuls bâtimens qu'on aperçoive. Des tentes en poils de chameau, ou des huttes construites avec du bois et de la glaise, servent d'abri aux habitans. Presque en arrivant dans la plaine, on trouve près de quelques figuiers un puits dont l'eau, quoique sulfureuse, n'est pas malfaisante. Les voyageurs ont coutume de s'y arrêter pour abreuver leurs bêtes de somme. Il se nomme *Bertoutat.*

Un peu au-delà, l'escorte du maréchal rencontra un fantassin de la colonne du général Hurel. Ayant eu l'imprudence de rester en arrière, il avait été cruellement maltraité par des Arabes armés de bâtons.

A une lieue et demie du premier puits, on en trouva un autre qui est connu sous le nom de *Sidi-Haïd;* il est ombragé par des blancs d'Hollande d'une beauté remarquable. Un peu plus loin, on vit près d'un cimetière environ cinquante Arabes; ils étaient sans armes, et la curiosité seule paraissait les avoir attirés. Leur village, entièrement composé de misérables huttes, était situé à peu de distance de la route; on le nomme *Boufarik.* L'escorte du maréchal atteignit la colonne du général Hurel près d'un ruisseau dont les bords sont couverts de lauriers-roses; les fleurs brillantes de ces arbrisseaux contrastaient avec la nudité du pays que nous venions de parcourir. On traversa successivement quatre autres ruisseaux bordés de lauriers-roses; les troupes firent près du dernier une assez longue halte : il fallait laisser aux traîneurs le temps de rejoindre. Quoiqu'une brise d'est rafraîchit l'atmosphère, quelques fantassins paraissaient accablés par la chaleur.

Quand la colonne se fut remise en marche, une députation de la ville de Belida se présenta au maréchal ; ceux qui la composaient protestèrent de leur soumission et de la confiance avec laquelle ils voyaient arriver les troupes françaises. Nous étions près de la chaîne que l'on nomme le *Petit-Atlas*. S'élevant brusquement au-dessus d'une surface entièrement unie, elle offre le même aspect que ces îles montagneuses qui sortent du sein de la mer ; ses flancs, surtout près de Belida, sont couverts d'une riche végétation. On y trouve beaucoup d'oliviers, de figuiers sauvages et de chênes à glands doux.

Belida est situé au débouché d'une vallée qu'arrose le Sidi-el-Kebir, cours d'eau assez considérable. A mesure qu'on s'approche, les ombrages sont plus fréquens. Les jardins qui entourent la ville doivent leur fertilité à des irrigations qui rappellent celles des environs de Grenade et de Valence ; même au milieu de l'été, la verdure y conserve toute sa fraîcheur. Les figuiers, les caroubiers, et surtout les oliviers, y ont des dimensions que n'atteignent pas ceux d'Europe ; de nombreux orangers offrirent à nos soldats altérés des fruits délicieux.

Campées dans ces jardins, les troupes auraient été exposées à une surprise; elles s'établirent en dehors. Peut-être aurait-on dû choisir avec la même circonspection l'emplacement du quartier-général; mais un bois d'orangers qui se trouvait entre le camp et la ville, et que traversait un ruisseau limpide, séduisit le maréchal, et il résolut d'y passer la nuit, gardé par deux compagnies de grenadiers. L'accueil des habitans était propre à inspirer une entière confiance; ils s'empressèrent de nous offrir des fruits et des breuvages, et une heure après notre arrivée, un marché s'établit dans le camp. Le prix des denrées était peu élevé; tout se payait comptant, et pas une plainte ne s'éleva. Il fallait faire une distribution de viande; on s'adressa aux principaux habitans, et bientôt des bœufs nous furent conduits; leur poids moyen était de 300 kilogr. Sur la demande des vendeurs, on les paya 25 francs; ainsi, la ration coûtait moins de 5 centimes. On nous pourvut avec le même empressement d'orge et de paille. Pour cet objet encore, on laissa les habitans fixer les prix; ils le firent avec beaucoup de bonne foi.

On était arrivé à cinq heures. Avant la nuit, beaucoup d'officiers entrèrent dans la ville, qui présente un aspect beaucoup moins agréable que celui du pays environnant; les rues, cependant, sont moins étroites et moins sombres que celles d'Alger. En 1825, un tremblement de terre renversa quelques centaines de maisons; elles n'ont point été relevées, et dans une grande partie de la ville la vue est attristée par des ruines. Le mur d'enceinte est en assez bon état pour qu'on puisse le considérer comme un moyen de défense. . . . . . .

Les boutiques étaient ouvertes, et les habitans, relativement à notre arrivée, ne témoignaient aucune inquiétude; mais la crainte d'une attaque des Cabaïls semblait les préoccuper. Cependant la nuit fut parfaitement tranquille. . . . .

Le 24, M. de Bourmont partit, à quatre heures du matin, pour reconnaître les environs jusqu'à une lieue et demie à l'ouest de la ville; un bataillon d'infanterie et un détachement de chasseurs formaient son escorte. Au retour, des coups de fusil furent échangés entre l'arrière-garde et des Cabaïls, qui ne tardèrent pas à s'éloigner; un de nos fantassins fut blessé mortellement.

A dix heures du matin, lorsque la reconnaissance fut terminée, le général Desprez, suivi de deux officiers d'état-major et de quatre chasseurs à cheval, remonta, jusqu'à près d'une demi-lieue de Belida, le Sidi-el-Kebir; il aurait été d'autant plus imprudent de s'avancer davantage que le chemin était presque constamment resserré entre des précipices, et que des arbres, des buissons et des rochers bornaient la vue dans toutes les directions. En se rapprochant de la ville, l'escorte du général Desprez aperçut, à une petite distance du chemin qu'elle suivait, des hommes armés de fusil; ce qui eut lieu deux heures plus tard doit faire supposer que ces hommes étaient des Cabaïls, et que la crainte de trahir trop tôt leurs projets d'attaque les avait empêchés de se servir de leurs armes.

Toutes les dispositions étaient prises pour qu'à deux heures les troupes se missent en mouvement; le capitaine d'état-major Chapelié devait les précéder avec deux compagnies d'infanterie du deuxième de marche, et vingt-cinq chasseurs armés de lances. On lui donna l'ordre de déterminer, près d'un des ruisseaux bordés de lauriers-roses, l'emplacement qui lui paraîtrait le plus convenable pour le bivouac de la nuit suivante.

A une heure des coups de fusil se firent entendre, et on sut bientôt après que deux canonniers-conducteurs avaient été tués au moment où ils abreuvaient leurs chevaux dans un ruisseau qui baigne les murs de la ville. Plusieurs soldats d'infanterie furent atteints presque en même temps dans les jardins où ils croyaient pouvoir se promener avec sécurité; les arbres, les haies et les buissons y facilitaient les embuscades. M. de Trelan, chef de bataillon, aide-de-camp du maréchal, sortit du bois d'orangers qu'occupait le quartier-général, pour aller reconnaître ce qui se passait. Une balle le frappa dans le ventre sans qu'on eût vu celui qui avait tiré le coup.

Les troupes prirent les armes, et on prescrivit au capitaine Chapelié de partir sur-le-champ. C'était dans le camp établi en dehors des jardins que l'on devait mettre à sa disposition les compagnies d'infanterie et le détachement de lanciers destiné à former l'avant-garde. Pendant qu'il s'y rendait, accompagné de quatre chasseurs et d'un maréchal-des-logis, ce dernier fut tué d'un coup de feu.

Il était urgent que M. de Bourmont rejoignît la colonne principale. Il se mit en marche avec les grenadiers qui avaient gardé le quartier-général; des soldats portaient M. de Trelan sur un brancard fait avec des branches d'arbres. Une heure après cet officier n'existait plus.

L'espace qui séparait le camp du bois d'orangers fut franchi sans obstacles. Des habitans de Belida étaient sortis de la ville pour observer nos mouvemens : rien d'ailleurs n'annonçait qu'ils eussent des intentions hostiles. Depuis, on eut des raisons de croire que plusieurs d'entre eux avaient eu des intelligences avec les Cabaïls.

Les troupes étant réunies, l'avant-garde commença son mouvement ; déjà l'ennemi l'avait devancée, dans la direction que nous devions suivre. On vit de tous côtés des Arabes et des Cabaïls à pied et à cheval sortir des jardins, se répandre dans la plaine, et former autour de nous un vaste réseau. L'avant-garde fut serrée de près ; mais une charge à la baïonnette fit reculer l'ennemi. Le prince de Schwartzemberg, qui avait mis pied à terre pour se mêler avec nos soldats, tua un Arabe de sa main. Les chasseurs s'élancèrent contre l'ennemi. C'était pour la première fois depuis l'ouverture de la campagne qu'ils trouvaient l'occasion de charger ; trente ou quarante Arabes ou Cabaïls restèrent sur la place, tués à coups de lance, de sabre ou de baïonnette; le reste s'enfuit en désordre. Après cette leçon, l'ennemi fut moins entreprenant.

La colonne principale s'ébranla, ayant sur chacun de ses flancs une ligne de tirailleurs destinés à éloigner ceux de l'ennemi : bientôt des groupes de cavaliers se montrèrent sur notre gauche. On les laissa s'approcher, et lorsqu'ils ne furent plus qu'à trois cents pas, le colonel Bontems s'élança contre eux à la tête de soixante chasseurs. Des officiers d'ordonnance et plusieurs des Maures qui accompagnaient le maréchal prirent part à cette charge : elle fut aussi heureuse que la première. Parmi les cavaliers ennemis qui tombèrent sous les coups des nôtres, se trouvaient deux cheiks, dont on rapporta les armes et les bottes rouges. Le jeune prince Joseph Poniatowsky, fils naturel de celui qui se montra si dévoué à la France, faisait la campagne comme maréchal-des-logis. Nous le vîmes charger et reparaître quelques momens après avec la dépouille d'un Cabaïl. Plusieurs officiers conquirent de semblables trophées. Le secrétaire d'Hamden ayant été entraîné par son cheval au milieu de la mêlée, son costume le fit confondre avec les cavaliers ennemis, et un coup de sabre le jeta sans vie sur le champ de bataille. Lorsque son maître apprit sa mort, il parut vivement affligé ; mais bientôt son visage devint calme, et ces paroles, *Dieu l'a voulu*, qu'on l'entendit prononcer, prouvèrent qu'il s'était résigné.

Notre cavalerie était trop peu nombreuse pour qu'on ne cherchât pas à la ménager : sous ce rapport, l'artillerie était d'un grand secours. Toutes les fois que des groupes armés se formaient à portée de canon de la route que nous suivions, des boulets ou des obus lancés au milieu d'eux les dispersaient. Nos canonniers tiraient avec une justesse remarquable.

A deux lieues environ de Belida, le général Desprez se trouvait dans l'intervalle qui séparait l'avant-garde du corps principal. Un cheik et quelques Arabes s'étant avancés jusqu'à une petite distance de la route, il marcha contre eux avec trois officiers d'état-major, et les mit en fuite. Après les avoir poursuivis quelques momens, il revint sur ses pas sans avoir couru le moindre danger. Des broussailles et un pli de terrain l'avaient dérobé à la vue du maréchal, qui le crut exposé, et mit l'épée à la main pour le dégager. Ce fait a peu d'importance, et s'il n'avait été raconté d'une manière inexacte, l'auteur de ce journal n'en aurait pas fait mention.

L'ennemi ayant paru en force sur notre flanc droit, le colonel Bontems l'attaqua de nouveau. Une première charge éloigna nos cavaliers de la route; une seconde charge les en rapprocha, et ils la traversèrent à un grand quart de lieue de l'avant-garde. L'extrême fatigue des chevaux décida le colonel à faire sonner la retraite : aussitôt les Arabes dispersés dans la plaine se rallièrent, et ils se disposaient à prendre l'offensive, lorsque l'arrivée de nos bouches à feu et de notre infanterie les fit renoncer à leur projet. Dans les différentes charges qui avaient eu lieu depuis que l'on était en marche, l'escadron de chasseurs avait perdu un seul homme; quatre ou cinq autres avaient été blessés légèrement : cent Arabes ou Cabaïls étaient restés sur le champ de bataille. Désespérant de nous attaquer avec succès dans une plaine découverte, l'ennemi s'embusqua dans le dernier des bois de lauriers-roses que nous avions à traverser. Le général Hurel renforça l'avant-garde, et donna l'ordre au capitaine Chapelié de faire fouiller le terrain à droite et à gauche de la route. Cet officier avait continué de diriger l'avant-garde avec autant de sang-froid que d'intelligence. Après une fusillade assez vive, l'ennemi laissa le passage libre. On trouva près d'un chariot d'artillerie renversé les cadavres de trois canonniers conducteurs qu'on avait laissés la veille près du pont de l'Ouet-Kerma : après avoir réparé le timon de leur voiture, ils s'étaient mis en route sans escorte, malgré les ordres qu'ils avaient reçus du général La Hitte. Cette imprudence leur avait coûté la vie.

Lorsque la tête et le centre de la colonne furent au-delà du bois de lauriers-roses, les Arabes et les Cabaïls tentèrent un nouvel effort contre l'arrière-garde; ils furent repoussés avec perte.

La colonne principale avait fait halte au-delà

du terrain couvert où l'ennemi avait espéré nous arrêter. Déjà la nuit s'approchait; deux hommes de sa nation qu'Hamden, après la première attaque, avait chargés de s'aboucher avec les chefs des tribus de l'est, revinrent auprès de lui. Un jeune Arabe les accompagnait; il dit au général en chef que la crainte seule avait porté ses compatriotes à faire cause commune avec les Cabaïls des montagnes situées au sud de Belida, qu'ils étaient prêts à se soumettre, et que déjà leurs cheiks avaient donné l'ordre de cesser les hostilités.

On se remit en marche à neuf heures du soir, et à onze heures les troupes avaient pris position près du puits des figuiers. Un officier d'état-major porta au général Montlivault l'ordre de faire avancer un bataillon jusqu'à l'Ouet-Kerma. Cette disposition fut inutile. Découragé par les pertes qu'il avait éprouvées, l'ennemi cessa de nous harceler; il n'y eut pas un coup de fusil de tiré pendant la nuit, et le lendemain, lorsque la colonne continua son mouvement vers Alger, on n'aperçut d'hommes armés dans aucune direction.

Le maréchal arriva de bonne heure à la Casauba; les troupes, après avoir fait une longue halte au-delà du pont de l'Ouet-Kerma, rentrèrent dans leurs camps.

Nos jeunes soldats avaient conservé, au milieu du cercle d'ennemis dont ils furent environnés pendant cinq ou six heures, un calme qui aurait honoré des vétérans.

Le général Hurel, comme dans tous les combats auxquels il avait pris part, se montra homme de guerre expérimenté. Dans son rapport, il cita particulièrement MM. Delmotte, capitaine d'état-major; Curial, officier d'ordonnance; Cambray, capitaine dans le deuxième régiment de marche; Maix, lieutenant, et Maissiat, sous-lieutenant dans le même corps; Béthosé, capitaine; Habary, lieutenant; Grosbert, sous-lieutenant; et Larpent, voltigeur (dans le 30e de ligne); Lamy, sergent-major; et Bourgeois, voltigeur dans le 23e; Quatrebarbes, aide-major dans le 34e; Herbinger et Esmangard, sous-lieutenans dans le même régiment.

MM. de Kergorlay, lieutenant d'artillerie, Desalle, officier d'ordonnance du général La Hitte, méritèrent une mention honorable.

Dans l'escadron de chasseurs, les capitaines Huez et Cazin se distinguèrent. Le soldat Goury tua de sa main trois Arabes ou Cabaïls.

On avait perdu quinze hommes, y compris ceux qui avaient péri dans les jardins, et les trois canonniers conducteurs. Deux ou trois hommes seulement furent tués depuis la première attaque jusqu'à l'arrivée des troupes au puits des figuiers. Le nombre des blessés était de quarante-trois.

Telle est cette journée de Belida, que beaucoup de récits ont peinte comme désastreuse. Le rapport officiel n'ayant point été publié, rien ne détruisit l'impression que ces récits avaient produite.

Pendant que les troupes campaient autour de Belida, on interrogea les habitans sur quelques points relatifs à la géographie. Voici, en peu de mots, le résumé de leurs réponses : Ce qu'on nomme *Petit-Atlas* n'est que la partie inférieure du versant septentrional de la chaîne qui s'étend entre le grand désert et la Méditerranée ; c'est dans cette partie que se présentent les accidens de terrain les plus prononcés. L'étude d'un grand nombre de chaînes, et particulièrement de celles de la péninsule hispanique, a donné lieu à des remarques analogues ; nous nous bornerons à citer un exemple. Le versant septentrional du massif compris entre l'Ebre et le Duero se redresse brusquement près du premier de ces fleuves, et forme une petite chaîne dont les montagnes de Pancorvo et de Frias sont des anneaux ; le terrain que l'on traverse au-delà de cette chaîne appartient encore au bassin de l'Ebre, et continue de s'élever sans brusques ressauts jusqu'à la véritable ligne de partage. Les montagnes de Pancorvo et de Frias sont, relativement à la chaîne qui sépare les deux fleuves, ce que le Petit-Atlas est par rapport au grand; il paraît certain qu'entre les derniers degrés de la pente nord des monts africains et la ligne au-delà de laquelle les eaux commencent à descendre vers le désert on ne rencontre plus que de fortes ondulations.

Les habitans affirmèrent qu'il existait, à trois journées à l'est de Belida, des cimes couvertes de neige pendant huit mois de l'année; on pense que ce sont les monts Jurjura. Les arbres nombreux que l'on aperçoit sur le flanc des montagnes qui dominent Belida pourraient faire supposer que la chaîne de l'Atlas est très boisée; cependant il est hors de doute qu'à moins de deux lieues au sud le pays est entièrement nu, et que jusqu'au désert il continue de présenter le même aspect. . . . .

Parmi les militaires qui avaient pris part à la reconnaissance de la Metidja, beaucoup furent atteints de la dysenterie; la fatigue, même sans être excessive, produisait presque toujours cette maladie. Aussi, les chefs de corps demandèrent-ils qu'on réduisît le nombre des soldats de corvée pour le débarquement des subsistances. Quoiqu'il fût important de continuer avec activité cette opération, et de ne pas laisser longtemps exposés aux accidens de mer les navires chargés qui se trouvaient dans la rade, on eut égard à cette réclamation.

M. de Bourmont avait songé à retourner à Belida avec trois ou quatre mille hommes pour châtier les tribus qui nous avaient attaqués; mais la crainte de voir s'accroître le nombre des malades fit ajourner l'exécution de ce projet jusqu'à l'époque où les chaleurs seraient devenues moins vives.

L'escadre qui devait, sous les ordres du contre-amiral Rosamel, faire voile vers Tripoli, et transporter à Bonne le corps expéditionnaire commandé par le général Damremont, ne fut prête à appareiller que le jour où le maréchal revint de Belida. Ce jour-là même, le 6e et le 49e de ligne, une batterie de campagne et une compagnie de sapeurs, s'embarquèrent sur le vaisseau *le Trident*, et sur les frégates *la Surveillante* et *la Guerrière*. Un brig, ayant à son bord M. Rimbert, et quelques habitans de Bonne, s'était dès la veille dirigé vers cette ville.

Parmi les Turcs célibataires qui avaient reçu l'ordre de s'embarquer, deux cents environ s'étaient dérobés d'abord aux recherches de la police militaire; on parvint à en découvrir un certain nombre. Les autres, fatigués de l'obligation où ils étaient de se tenir cachés, exprimèrent le désir de suivre leurs compatriotes dans l'Asie-Mineure : un bâtiment de guerre de l'armée navale les y transporta.

Les Turcs mariés avaient été autorisés à ne pas quitter Alger; mais on ne se faisait pas illusion sur leurs véritables sentimens. La conquête les ayant dépouillés de tous les avantages dont ils jouissaient, leur mécontentement était la conséquence inévitable de cet état de choses, et l'armée avait au milieu d'elle des ennemis disposés à saisir la première occasion pour courir aux armes. Aussi, dans la pensée du maréchal, l'autorisation qu'il avait donnée n'était que provisoire. Un prétexte ne tarda pas à s'offrir; on le saisit avec empressement.

Les motifs qui avaient déterminé le mouvement sur Belida ne pouvaient être compris des Turcs et des Arabes. Le retour de la colonne, qu'ils regardaient comme une retraite forcée, ranima leurs espérances, et moins qu'auparavant les chefs des tribus parurent disposés à se soumettre; dès-lors, les relations des habitans de la ville avec ceux du dehors devinrent plus actives. Le 27 et les jours suivans, des Arabes et des Cabaïls furent saisis aux portes d'Alger emportant sous leurs manteaux des armes et de la poudre. Interrogés sur la manière dont ils s'étaient procuré ces objets, ils répondirent que des Turcs les leur avaient remis; mais ils ne désignèrent pas un seul individu, et la crainte même du supplice ne put triompher de leur obstination. Les Turcs mariés qui avaient le plus de fortune et d'influence furent arrêtés et conduits à bord de *l'Alcibiade*. On déclara aux autres que puisqu'ils s'étaient rendus indignes de la confiance qu'on leur avait témoignée, en faisant cause commune avec nos ennemis, ils ne pouvaient rester plus long-temps au milieu de nous; ils reçurent l'ordre de se réunir sur le port pour y être embarqués. Les membres de la commission des finances se rendirent à bord de *l'Alcibiade*, et signifièrent à ceux qui s'y trouvaient qu'ils n'obtiendraient l'autorisation de partir avec leurs familles et d'emporter leurs richesses qu'après avoir déposé dans le trésor de l'armée une somme de 2 millions et demi; c'était à eux qu'on laissait le soin de la répartir. Ils parurent d'abord peu éloignés de se soumettre à ces conditions; mais on reconnut bientôt qu'il serait impossible de vaincre leur résistance sans avoir recours à des moyens rigoureux, et peut-être même à des exécutions. M. de Bourmont défendit qu'on allât plus loin, et on leur permit de faire embarquer leur mobilier et leurs familles. Mille individus environ furent réunis sur les frégates *la Thémis* et *la Bonite*, et sur la gabarre *le Rhône*. On fit une exception en faveur de cet Omar Coggia, qui avait donné aux naufragés français des preuves d'intérêt si touchantes; il partit avec sa famille sur un bâtiment qu'il avait nolisé.

Les Turcs, craignant qu'on ne les dépouillât de ce qu'ils possédaient de plus précieux, avaient cherché à se procurer des lettres de change sur les principales villes maritimes d'Italie. Le principal agent de la compagnie Seillière en délivra pour une somme de 2 ou 3 millions. L'or reçu en échange fut transporté en partie à Marseille, en partie à Villefranche. Au moment où il y arriva, on publiait partout que d'odieuses dilapidations avaient été commises. Les sommes expédiées furent saisies, et le séquestre ne fut levé que lorsque la compagnie Seillière eut démontré, par la production de ses registres, qu'elles étaient sa propriété. Ce fait, dont le public ne connut pas tous les détails, accrédita les calomnies que nous avons déjà repoussées.

L'évacuation des magasins de Sidi-Ferruch était terminée; on avait désarmé les ouvrages et embarqué les bouches à feu. Le colonel Léridant se dirigea vers Alger, le 28 juillet, avec le deuxième bataillon de son régiment, et les détachemens de troupes du génie et d'artillerie qui se trouvaient encore dans la presqu'île. La redoute de Staouëli fut abandonnée. Les deux bataillons du 48e remplacèrent le 35e dans les bâtimens de la marine : ce dernier régiment alla se réunir aux autres corps de la troisième division.

Une commission militaire fut convoquée pour juger les Arabes qui avaient été saisis emportant des armes et des munitions. Deux des accusés furent condamnés à mort et fusillés. Les journaux racontèrent ce fait avec une inexactitude qu'il est pénible d'avoir si souvent à faire remarquer. Leurs récits, que le gouvernement négligea de démentir, firent croire en France qu'Alger avait été le théâtre d'une terrible insurrection, que pendant plusieurs jours on s'était battu dans les rues, et que quarante habitans avaient été fusillés. Rien de semblable n'avait eu lieu; un calme parfait régnait dans la ville, et, depuis le 5 juillet, pas un Français n'avait été attaqué ni même insulté. Les égards avec lesquels on traitait les habitans contribuèrent à ce résultat. L'équité sévère, le noble désintéressement du commandant de place, leur inspiraient une entière confiance. Une seule plainte grave lui fut adressée pendant les deux mois qui suivirent la prise de la ville. Voici quel en était l'objet. La maison de la veuve d'un Turc avait été signalée comme renfermant beaucoup d'armes. On donna l'ordre qu'elle fût visitée. Les officiers chargés de cette opération étaient accompagnés de deux Juifs, l'un habitant d'Alger, l'autre employé dans l'armée comme interprète. La dénonciation était fausse, mais cette circonstance offrait aux israélites un moyen de fraude, dont ils ne manquèrent pas d'user. Le lendemain du jour où la visite avait été faite, ils revinrent chez la veuve, lui dirent que les officiers qu'elle avait vus exigeaient d'elle une somme de 600 sequins, et qu'en refusant de faire ce sacrifice, elle s'exposerait à de mauvais traitemens. Les 600 sequins leur furent remis. Quelques jours après, celle qu'ils avaient dépouillée se croyant victime d'une escroquerie informa le commandant de place de ce qui s'était passé. Les Juifs furent arrêtés, et la veuve reçut de leurs familles la somme qu'elle réclamait, à condition qu'elle se désisterait de sa plainte. Quoique cette condition eût été remplie, les coupables ne recouvrèrent leur liberté qu'un mois après. Bacri plaida leur cause avec chaleur, sans toutefois élever des doutes sur l'existence du délit. Mais, d'après les usages du pays, le désistement de la partie plaignante devait mettre fin à la procédure. L'interprète perdit son emploi, et devint secrétaire de Bacri. Cette dernière circonstance fait voir jusqu'à quel point les Juifs d'Alger tolèrent le manque de probité.

Le port étant encombré par les bâtimens algériens, les navires chargés des subsistances de l'armée ne pouvaient y entrer. Cédant aux instances de M. de Bourmont, l'amiral donna des ordres pour que, le 31 juillet, plusieurs bâtimens fissent voile vers Toulon : dès lors le déchargement, au lieu de s'opérer sur la plage voisine du fort Babazoun, se fit dans le port avec beaucoup plus de facilité ; il y eut bientôt dans nos magasins du vin pour quinze jours, des farines pour deux mois. Les arrivages se succédant, l'armée fut approvisionnée pour le même espace de temps jusqu'à l'époque où le général Clauzel vint prendre le commandement. Des achats faits sur les lieux avaient suffi pendant près d'un mois pour assurer le service de la viande. Le conseil municipal et le syndic des Arabes, qui intervenaient dans toutes les transactions de cette nature, déclarèrent quelques jours après l'affaire de Belida, que les dispositions hostiles des habitans avaient fait naître des difficultés presque insurmontables. On proposa de faire venir des bœufs de Tunis : ce projet, dont l'exécution aurait triplé le prix de la ration de viande, ne fut point adopté. En traversant la plaine de la Metidja, on avait acquis la certitude que, pendant longtemps encore, les bœufs qu'elle nourrissait devaient suffire à la consommation de l'armée. Les passions haineuses des Arabes paraissaient devoir céder à leur cupidité. On eut recours à Bacri et à un autre juif, qui promirent que deux jours après trois cents bœufs seraient mis à la disposition de l'armée. Ils tinrent parole. Dès lors le parc de l'administration fut constamment approvisionné pour dix ou douze jours, et il l'aurait été pour un temps plus considérable, si les pâturages des environs d'Alger avaient offert des ressources pour la nourriture des bestiaux.

L'inventaire du trésor était terminé à la fin du mois de juillet. On y avait trouvé 48,700,000 fr. tant en monnaie qu'en lingots. Les valeurs en or et en argent étaient à peu près égales.

M. de Bourmont était porté à supposer, ou qu'avant l'entrée des troupes françaises des soustractions avaient été faites par les Turcs, ou qu'il existait d'autres chambres que celles dont les clefs avaient été remises au payeur général.

Le kasnedgi et un autre individû sans lequel il ne pouvait entrer dans le trésor, furent interrogés séparément. Il y eut accord parfait dans leurs réponses : tous deux affirmèrent qu'aucune soustraction n'avait eu lieu pendant les négociations, et qu'il n'existait rien de plus que ce dont la commission avait fait l'inventaire. Leur sincérité parut hors de doute à ceux qui les entendirent. Quelques personnes concevront difficilement que le trésor soit resté intact pendant les vingt-quatre heures qui précédèrent l'entrée dans Alger des troupes françaises. L'étonnement cessera, si l'on considère qu'il n'y eut, dans aucune autre ville, d'aussi nombreuses révoltes, et que cependant jamais le trésor ne fut livré au pillage. Cette propriété publique inspirait à la milice une sorte de respect religieux. On s'exposerait à de graves erreurs en jugeant les Turcs d'après nos idées européennes.

43 millions furent envoyés en France; on garda le reste pour subvenir aux besoins de l'armée. Six à sept mille soldats avaient été employés pour le transport de l'or et de l'argent depuis la Casauba jusqu'au point d'embarquement. Ce fait suffirait pour démontrer l'absurdité des accusations; mais les préventions étaient trop fortes pour que l'évidence même pût les détruire.

En France, les mesures les plus rigoureuses avaient été prescrites, et des officiers qui avaient quitté l'armée eurent à subir d'humiliantes investigations. On ouvrit le cercueil qui renfermait le corps d'un jeune officier mort au champ d'honneur; on chercha dans ses mains glacées des objets précieux. Un frère conduisait ces tristes restes à sa famille; on le soupçonna d'avoir vu, dans sa douloureuse mission, un moyen de fraude, et c'est dans le pays le plus civilisé de l'Europe qu'une semblable pensée a été conçue! Plusieurs officiers avaient envoyé en France les armes qui leur étaient échues : ces armes furent saisies pour quelque temps, et ils craignirent qu'on ne les privât de la satisfaction si légitime de transmettre ces trophées à leurs enfans.

Le ministre des finances devait connaître la vérité. Les rapports du payeur général étaient trop clairs, trop détaillés pour laisser dans son esprit le moindre doute. Cependant les paroles qu'il fit entendre à la tribune accréditèrent les soupçons. En plaçant dans l'exception ceux dont la conduite avait été irréprochable, elles imposaient au plus grand nombre l'obligation de se justifier. On répondit au ministre : « S'il y a des coupables, appelez-les devant les tribunaux; si les accusations sont calomnieuses, déclarez-le hautement. » Nous avons entendu M. Louis exprimer des regrets sur le sens qu'on avait donné à ses paroles; mais l'impression était produite, et il ne serait pas en son pouvoir de la détruire entièrement. De pareilles injustices, si elles se reproduisaient souvent, auraient pour la morale de funestes conséquences. Le désintéressement deviendra plus rare, lorsqu'on cessera d'en trouver le prix dans l'estime publique.

Le capitaine Louis de Bourmont revint à Alger, le 3 août. Lorsque le brig *le Dragon*, sur lequel il s'était embarqué, avait paru devant Oran, deux autres brigs, *le Voltigeur* et *l'Endymion*, formaient le blocus de cette ville. Le bey était encore maître de la ville et des forts voisins; huit cents Turcs restaient attachés à sa fortune; mais au-dehors son autorité était méconnue. Informés de ses négociations avec le chef de l'armée française, les Arabes s'étaient déclarés contre lui. Jusqu'alors, le feu de son artillerie les avait contenus; mais le manque de vivres devait bientôt mettre un terme à la résistance. Lorsqu'il put communiquer avec *le Dragon*, il exprima le désir d'être promptement secouru. Son projet était de remettre Oran et les forts aux troupes françaises, et d'aller terminer dans l'Asie-Mineure une carrière déjà très avancée.

Les forts d'Oran, construits autrefois par les Espagnols, sont encore en bon état; le plus considérable est celui de Marselquebir : cinquante-trois bouches à feu en formaient l'armement; ses casernes sont assez vastes pour une garnison de mille à douze cents hommes; la rade qu'il défend offrirait dans tous les temps un asile sûr à plusieurs vaisseaux de guerre. Le capitaine Leblanc, qui commandait *le Dragon*, ne crut pas devoir attendre, pour s'emparer d'un point aussi important, l'issue des négociations entamées. Soixante Turcs qui formaient la garnison se gardaient mal. Les brigs *le Voltigeur* et *l'Endymion* mirent à terre cent dix hommes pris dans leurs équipages. Ce détachement se porta vers le fort avec une grande rapidité; on enfonça la porte, qui était en mauvais état; les Turcs surpris n'opposèrent aucune résistance, et se retirèrent vers la ville sans qu'on cherchât à les inquiéter. Cet événement n'altéra point les dispositions amicales du bey, et ses instances pour qu'on le secourût étant devenues plus vives, le capitaine Bourmont crut devoir aller faire connaître au maréchal le véritable état des choses. Les cent dix hommes qui s'étaient emparés du fort de Marselquebir continuèrent de l'occuper; mouillés dans la rade, les brigs *le Voltigeur* et *l'Endymion* se tenaient prêts à les soutenir du feu de leur artillerie. Ces renseignemens déterminèrent le maréchal à envoyer des troupes à Oran. Son opinion fut combattue; on lui représenta qu'une possession qui avait été onéreuse pour l'Espagne devait l'être bien plus encore pour la France; que puisque le but du gouvernement était de rétablir les anciennes concessions africaines, ce n'était pas vers la partie occidentale de la Régence qu'il fallait diriger nos forces; que dans la mauvaise saison surtout, l'obligation d'approvisionner par mer la garnison, et de lui envoyer des renforts, si elle était attaquée, causerait beaucoup d'embarras et de dépenses; que du moins il fallait, avant de prendre une résolution semblable, demander des instructions au ministère. M. de Bourmont persista, et le colonel Goutefrey eut l'ordre de s'embarquer avec le 21e régiment de ligne dont il avait le commandement, cinquante sapeurs et deux obusiers de montagne. Le caractère ferme de cet officier, son esprit juste et éclairé, le rendaient éminemment propre à la mission délicate dont il était chargé. Il n'emmena que les hommes valides de son régiment; leur nombre s'élevait à treize cents. Les troupes s'embarquèrent le 4 sur les frégates *l'Iphigénie* et *l'Amphitrite*; un navire du commerce fut destiné au transport des vivres; il avait été décidé que le corps expéditionnaire en serait pourvu pour un mois.

Le jour où eut lieu l'embarquement, on fit partir pour la France quatre cents canonniers, sapeurs ou mineurs. Des bâtimens-écuries se trouvant encore dans la rade, on crut devoir en profiter pour faire embarquer quatre cent cinquante chevaux. La situation où se trouvait l'armée permettait de réduire de plus de moitié le nombre des attelages d'artillerie et d'administration. Cette réduction était d'autant plus urgente, qu'on avait perdu entièrement l'espoir de trouver des fourrages en Afrique. Les bâtimens-écuries dont on pouvait disposer étaient loin de suffire au transport des chevaux devenus inutiles; mais de nouveaux affrétemens auraient exigé des dépenses que les résultats obtenus eussent été loin de compenser. Cette considération détermina l'intendant en chef à conclure un marché avec Bacri. Tous les chevaux réformés furent livrés à raison de 75 francs. Quelque peu élevé que fût ce prix, la cherté des fourrages et l'impossibilité de vendre rendirent le marché onéreux pour l'acheteur. En général, les officiers qui retournaient en France ne vendaient pas leurs chevaux à de meilleures conditions.

Depuis l'ouverture de la campagne, plus de deux cents chevaux de chasseurs étaient morts ou mis hors de service. Le maréchal attachait d'autant plus d'importance à les remplacer, que la plaine de la Metidja semblait devoir être par la suite le principal théâtre de nos combats; il demanda que l'administration fût autorisée à acheter au prix de remonte les chevaux d'officiers que l'on aurait reconnus propres au service de la cavalerie. Favorable à ceux qui partaient, cette disposition l'aurait été aussi pour l'armée. Au retour de Belida, plusieurs cavaliers arabes avaient été atteints et sabrés par des officiers d'état-major. On avait reconnu dès lors que nos succès seraient beaucoup plus décisifs si des chasseurs montés sur des chevaux vites chargeaient en fourrageurs, au moment où l'ennemi commencerait à fuir devant nos escadrons.

Depuis l'affaire de Belida, pas une attaque sérieuse n'avait eu lieu; mais les Arabes s'approchaient plus qu'auparavant des positions qu'occupait l'armée. Quelques soldats sans armes furent tués à deux cents toises de leur camp; une bande de cavaliers pénétra jusqu'au Boudjareah, et parvint à enlever un troupeau de bœufs qui appartenait à Bacri. Le conseil municipal annonçait une prochaine attaque; plusieurs fois même il fixa le jour où elle devait avoir lieu. On reconnut plus tard que ces craintes étaient imaginaires. Le maréchal, toutefois, crut devoir prendre des dispositions défensives. On concentra près d'Alger les troupes de la première division; quatre redoutes furent construites, l'une au poste de la vigie, l'autre sur l'emplacement qui, pendant le siége, avait été affecté au parc d'artillerie, les deux autres en avant des camps de la division d'Escars. Beaucoup de maisons furent retranchées; on abattit des arbres, des haies et des buissons, qui permettaient aux Arabes de s'approcher de nos camps sans être aperçus.

Deux individus qui se disaient chefs de tribus dans les environs de Bugia, arrivèrent le 3 août dans le port d'Alger. Une barque les y avait transportés. Celui qui paraissait avoir le plus d'intelligence et de résolution se nommait Mourad; il dit au maréchal que plusieurs tribus attendaient pour se soumettre qu'on leur promît de respecter leurs propriétés et leur religion. M. de Bourmont n'ayant pas hésité à en prendre l'engagement, il exprima le désir de retourner auprès de ses compatriotes. Le commandant de la corvette la *Bayonnaise* reçut l'ordre de le prendre à son bord, et de faire voile vers Bugia. On devait profiter de cette circonstance pour reconnaître la ville et la rade. M. de Quatrebarbes, lieutenant-aide-major, fut chargé de ce travail. Le 6 août, la corvette appareilla, et deux jours après elle avait doublé le cap Carbon, extrémité occidentale de la rade de Bugia. On arbora le pavillon rouge. Quoique Mourad eût donné l'assurance que ce signal empêcherait les batteries de la côte de tirer, trois boulets furent, d'un fort très peu éloigné du port, lancés contre la corvette, dont le commandant fit jeter l'ancre hors de la portée du canon. Deux ou trois cents Arabes se montrèrent sur la plage. Mourad et son compagnon persistèrent néanmoins dans le projet d'aller à terre, et leur barque, qu'on avait remorquée depuis le départ d'Alger, les y transporta. Avant de s'éloigner, ils promirent de faire remplacer par le pavillon blanc le pavillon rouge qui flottait à Bugia, et de retourner à bord de la corvette, après avoir obtenu cet acte de soumission. A peine furent-ils débarqués que le pavillon rouge disparut; un moment après on entendit quelques coups de fusil. La barque fut de retour à la fin de la journée; des Africains qui la conduisaient annoncèrent que Mourad avait été massacré, et que son compagnon n'avait échappé à la mort qu'en se mettant sous la protection d'un cheik.

M. de Quatrebarbes ne pouvant plus songer à débarquer, on mit le 10 à sa disposition une chaloupe armée avec laquelle il reconnut, à demi-portée de fusil, et sans être inquiété, la ville et les batteries. Le même jour, une barque apporta des provisions. Un ancien caïte, qui les envoyait au commandant de la corvette, avait appelé quelques tribus voisines; et, soutenu par elles, il s'était emparé de l'autorité; on le somma de se soumettre. Loin de faire une réponse favorable, il arbora de nouveau le pavillon rouge; on crut que c'était un signe de guerre. *La Bayonnaise*, qui n'avait point de troupes à bord, leva l'ancre et fit voile vers Alger.

Bugia, qui était autrefois une ville assez importante, compte à peine aujourd'hui cent cinquante maisons. Il ne reste plus que quelques vestiges de l'ancien mur d'enceinte; la citadelle est en très mauvais état. On reconnut, outre le petit fort qui avait tiré, quatre batteries de côte; trente bouches à feu armaient ces différens ouvrages. La rade offre un bon mouillage aux bâtimens de toute grandeur.

Le maréchal avait, immédiatement après la prise d'Alger, proposé le renvoi en France de six régimens d'infanterie, et d'une partie considérable des troupes d'artillerie et du génie. On ne répondit pas plus à cette proposition qu'aux demandes d'avancement. Les projets politiques du ministère absorbaient alors toute son attention. Pendant dix ou douze jours, M. de Bourmont ne reçut que deux dépêches; l'une était relative à l'envoi en France de soixante chameaux que l'on avait le projet d'acclimater dans les landes de Bordeaux; dans l'autre, le président du conseil demandait que l'on formât des collections de plantes et d'insectes pour le cabinet d'histoire naturelle.

Le 4 août, on apprit que la chambre des députés était dissoute. Cette nouvelle, portée de Paris à Toulon par le télégraphe, avait été transmise au maréchal par le contre-amiral Martineng. La dépêche ne faisait pas mention des ordonnances qui changeaient la loi électorale, et suspendaient la liberté de la presse. Cependant il était difficile de supposer que la dissolution fût une mesure isolée; aussi attendait-on d'autres nouvelles avec une vive anxiété. Ceux même qui montraient le plus de dévouement à la cause royale étaient convaincus que cette cause serait compromise du moment où on porterait atteinte à la loi fondamentale de l'État. Quelques jours s'étant écoulés sans qu'un seul bâtiment venu de France parût dans la rade, on présuma que des troubles avaient éclaté à Paris. Les regards étaient sans cesse dirigés vers la mer. Le 10, au lever du soleil, un navire du commerce, qui venait de Marseille, entra dans le port. Au moment de son départ. on venait d'apprendre les principaux événemens de la révolution. Un des passagers se présenta chez le maréchal, pour lequel il avait des lettres de recommandation. Il annonça que Paris avait été le théâtre de combats sanglans; que le parti qui combattait pour Charles X avait succombé; que le duc d'Orléans était lieutenant-général du royaume; enfin, que la cocarde tricolore avait été substituée à la cocarde blanche. Des lettres apportées par le bâtiment confirmèrent ces nouvelles, qui en peu de momens se répandirent dans l'armée. Le même jour, le maréchal reçut une dépêche télégraphique qui annonçait que la lieutenance-générale du royaume avait été déférée à M. le duc d'Orléans; et que ce prince donnait aux troupes l'ordre de prendre la cocarde tricolore. Quelques personnes exprimaient encore des doutes sur la réalité d'un événement aussi extraordinaire; elles supposaient, ou feignaient de croire, qu'un parti s'était rendu maître du télégraphe, et en avait profité pour répandre au loin de fausses nouvelles. Mais les hommes calmes et réfléchis ne se faisaient pas illusion, et déjà ils prévoyaient le dernier résultat d'une crise trop violente pour être terminée par des transactions.

Pendant la nuit du 10 au 11, une dépêche du nouveau ministre de la guerre parvint à M. de Bourmont; on l'informait en peu de mots des événemens de Paris, du départ de Charles X, des dispositions qui avaient été prises pour qu'il quittât le territoire français, de la nomination de Mgr. le duc d'Orléans comme lieutenant-général du royaume, enfin de l'ordre donné aux troupes de prendre la cocarde tricolore. On lui faisait pressentir que la prompte exécution de cet ordre pouvait lui faire obtenir la bienveillance du gouvernement. L'absence de toute participation aux mesures qui avaient provoqué la révolution, les succès de l'armée dont il avait le commandement, séparaient, lui disait-on, sa cause de celle des autres ministres.

Il ne restait plus de doute sur la chute de Charles X; mais la connaissance que l'on eut le 12 août de son abdication, de celle du dauphin, et du discours prononcé à l'ouverture des Chambres par le lieutenant-général du royaume, fit croire à M. de Bourmont que le duc de Bordeaux serait roi de France. Il laissa entrevoir cette pensée dans un ordre du jour qu'il adressa aux troupes pour les prévenir que le pavillon tricolore allait être arboré. Le duc d'Orléans ayant été reconnu par Charles X lieutenant-général du royaume, l'obligation d'exécuter ses ordres ne pouvait plus être contestée par ceux même qui avaient le plus de respect pour le principe de la légitimité.

On a dit que le duc de Bordeaux avait été proclamé dans l'armée. Cette assertion est inexacte;

l'ordre du jour dont il s'agit énonce un fait plutôt qu'il n'exprime une opinion ou un sentiment. Il était ainsi conçu :

« S. M. le roi Charles X et Mgr. le Dauphin ont, « le 2 août, renoncé à leurs droits à la couronne « en faveur de Mgr. le duc de Bordeaux.

« Le maréchal commandant en chef transmet « à l'armée l'acte qui comprend cette double « abdication, et qui reconnaît Mgr. le duc d'Or-« léans comme lieutenant-général du royaume.

« Conformément aux ordres de Mgr. le lieute-« nant-général du royaume, la cocarde et le « pavillon tricolores seront substitués à la co-« carde et au drapeau blancs. »

Plusieurs officiers voyaient, il est vrai, dans le maintien du principe de l'hérédité une garantie de tranquillité pour la France et de paix pour l'Europe; mais en général leur opinion n'avait rien de passionné, et ils cherchaient avant tout à maintenir parmi les troupes l'ordre et la discipline, jusqu'à ce que l'issue des événemens de Paris fût mieux connue.

Quant au projet de faire embarquer une partie de l'armée, quelques imaginations ont pu le concevoir; mais personne ne songea sérieusement à l'exécution. On manquait de moyens de transport, et dans le cas où il y en aurait eu de disponibles, la volonté bien connue de l'amiral eût été un obstacle insurmontable; ceux même qui étaient le plus accessibles aux illusions ne se dissimulaient pas que la question politique était résolue, et qu'envoyer des troupes en France c'était donner des auxiliaires au parti qui avait triomphé.

Le 17 août, le pavillon tricolore fut arboré au même moment dans la ville et sur la flotte.

Les corps détachés à Bonne et à Oran appelèrent l'attention du maréchal. On ne connaissait point encore les dispositions du cabinet britannique, relativement à la révolution de juillet. Un ordre adressé au commandant de l'escadre de Malte pouvait tout à coup faire commencer les hostilités. L'amiral était fortement préoccupé de cette idée, et la prudence lui paraissait exiger que toutes les forces de l'armée de terre fussent concentrées autour d'Alger; il pensait que dans le cas d'une guerre maritime, l'obligation de porter des approvisionnemens sur plusieurs points de la côte d'Afrique ferait naître de grands embarras. Cette dernière considération parut d'autant plus décisive qu'en rendant compte de ce qui s'était passé à Bonne jusqu'au 10 août, le général Damremont n'avait pas dissimulé que les troupes sous ses ordres étaient attristées de leur isolement, et que l'on pouvait craindre que cette disposition n'augmentât rapidement le nombre des malades. Des ordres furent expédiés pour le retour des deux corps expéditionnaires; et plusieurs bâtimens firent voile vers Oran et Bonne. Des combats très vifs avaient été livrés sous les murs de cette dernière ville. Nous allons en faire connaître les principaux événemens.

La division navale commandée par le contre-amiral Rosamel avait eu à lutter contre des vents contraires, et ce fut le 2 août seulement qu'elle parut devant le port de Bonne. Elle avait été devancée par le bâtiment sur lequel M. Rimbert s'était embarqué; les exhortations de cet agent et des Maures qui l'accompagnaient, l'opinion que la chute rapide d'Alger avait donnée des forces de l'armée française, et surtout la crainte d'être pillés par les Arabes, déterminèrent les habitans à se soumettre. Voyant en nous des protecteurs, ils firent les plus vives instances pour que la ville fût occupée sur-le-champ. L'amiral Rosamel donna l'ordre de débarquer le personnel et le matériel, et cette opération s'effectua avec autant de régularité que de promptitude.

La ville de Bonne avait autrefois une population nombreuse; le commerce la faisait prospérer; de riches moissons couvraient le pays environnant. Mais déjà cet état de choses était changé, lorsque la guerre d'Alger avec la France rendit la décadence plus rapide encore. Bonne ne compte plus aujourd'hui que mille cinq cents âmes. Découragés par le manque de moyens d'exportation et par le vil prix des grains de la Crimée, les habitans ne demandent plus au sol que ce qui est nécessaire pour leur consommation. Les bestiaux sont nombreux; ce fut une ressource précieuse pour le corps expéditionnaire, qu'on n'avait pourvu que de viande salée.

Une muraille flanquée de tours forme l'enceinte de la place; quoiqu'en mauvais état, elle offre un moyen de défense suffisant contre les Arabes. A 350 mètres de l'enceinte, et sur une éminence, on a construit un fort qui, comme presque tous ceux de la côte d'Afrique, est désigné sous le nom de *Casauba*. La plaine qui s'étend autour de Bonne est bornée à l'ouest par des hauteurs au pied desquelles jaillit une source abondante; les eaux de cette source alimentaient autrefois plusieurs fontaines dont on aperçoit encore les vestiges au milieu de la ville. Le temps a détruit l'aquéduc qui les recevait, et des citernes servent aujourd'hui à abreuver les habitans.

L'emplacement où Bonne est située est peu éloigné de celui qu'occupait Hippone, ville que rendit célèbre l'épiscopat de saint Augustin. A une lieue environ de l'enceinte, et près d'un ruisseau nommé *el Subèsc*, on voit des ruines imposantes que l'on suppose être celles du couvent où l'auteur des *Confessions* termina ses jours. On plaça dans le fort un bataillon du 6e; le second bataillon de ce régiment et le 49e de ligne prirent d'abord position sur la route de Constantine; mais la crainte que les exhalaisons d'un terrain marécageux ne devinssent nuisibles à la santé des troupes, décida le général Damremont à en faire rentrer dans la ville la plus grande partie. Elles furent logées dans des maisons assez vastes, que les habitans mirent à leur disposition. Un hôpital que l'on se hâta d'établir pouvait recevoir quatre-vingt-dix malades; la marine fournit quelques matelas. Les agens de l'administration firent faire des paillasses; mais les moyens auraient été loin de suffire, si l'occupation se fût prolongée.

L'ordre fut donné de construire deux redoutes en avant de la porte où aboutit le chemin de Constantine.

Des retranchemens devaient couvrir la source dont on a fait mention; mais ce projet fut abandonné, lorsqu'on eut reconnu que les citernes de la ville donnaient une quantité d'eau suffisante.

Aussitôt après son arrivée, le général Damremont essaya d'entrer en communication avec les cheiks des tribus voisines, qui passent pour les plus belliqueuses de la Régence. Celui de la tribu de Béni-Ajoud fut le seul qui répondit aux ouvertures qui avaient été faites; il écrivit au général français que les Arabes, loin d'être disposés à traiter, s'armaient de toutes parts, et qu'ils ne tarderaient pas à marcher sur Bonne. Le bey de Constantine avait annoncé qu'il se mettrait à leur tête. Déjà quelques jours avant le débarquement, un agent de ce bey s'était présenté pour prendre le commandement de la ville. Les habitans ayant refusé de le recevoir, il s'était borné à demander qu'on lui livrât la poudre qui se trouvait dans les magasins; cette démarche avait été sans résultat. Compromis par ce double refus, les habitans paraissaient décidés à faire cause commune avec nous.

Des troupes ennemies se montraient dans toutes les directions; elles harcelaient nos postes avancés, et s'opposaient à ce que des contrées voisines on apportât des subsistances. Craignant que notre inaction n'augmentât leur audace, le général Damremont prit l'offensive le 6 août. Des Arabes s'étaient établis dans le couvent de Saint-Augustin; quelques obus, et la marche d'une compagnie de voltigeurs, suffirent pour les déloger. Ce poste, d'où l'on pouvait battre la route de Constantine, avait de l'importance; mais la roideur des pentes sur lesquelles il fallait gravir était un obstacle presque insurmontable à ce que l'on y conduisît de l'artillerie. Cette considération détermina le général Damremont à ne pas le faire occuper.

Pendant qu'on chassait l'ennemi du couvent, des hordes nombreuses attaquaient les travailleurs employés à la construction de l'une des redoutes; après une action assez vive, elles furent repoussées. Quatre soldats du 6e de ligne restèrent sur le champ de bataille; cinq autres furent blessés. La perte des Arabes fut beaucoup plus considérable.

L'ennemi, qui avait reçu des renforts pendant la nuit du 6 au 7 août, résolut de prendre l'offensive. Le 7, avant la pointe du jour, nos troupes furent assaillies sur plusieurs points à la fois; le feu de l'artillerie, et surtout quelques coups à mitraille, mirent les Arabes en fuite. Au milieu de la journée, ils renouvelèrent leurs attaques sans plus de succès, et, de part et d'autre, le feu avait complétement cessé, lorsque, le 7 au soir, le cheik de la Calle arriva par la route de Constantine avec une partie de sa tribu. Sa présence ranima le courage des Arabes, et ils se préparèrent à attaquer pendant la nuit suivante. Le cheik, ainsi que presque tous les Africains, regardait la ruse comme un puissant moyen de succès. Dans l'espoir de cacher son véritable projet, il feignit de vouloir traiter; mais les habitans de Bonne ayant conservé des relations au dehors, le général Damremont sut par eux qu'il allait être attaqué. On se tint prêt à combattre. A onze heures et demie une fusillade très vive s'engagea sur tout le front de notre ligne, et malgré l'artillerie et le feu de la mousqueterie, l'ennemi s'avança jusque sur le bord des fossés de nos redoutes; mais l'intrépidité des défenseurs l'empêcha d'aller plus loin. A cinq heures, le combat avait cessé. Un coup de feu blessa grièvement le chef de bataillon Foucaud, qui commandait l'artillerie avec beaucoup de distinction; notre perte, d'ailleurs, fut peu considérable. Couverts par des retranchemens, nos soldats étaient beaucoup moins exposés que ceux qu'ils combattaient.

Après cet engagement, l'ennemi resta deux jours dans l'inaction. Le 10, à cinq heures du matin, ses efforts se dirigèrent de nouveau contre les redoutes; mais bientôt, découragé par les pertes que lui faisait éprouver notre artillerie, il s'éloigna en enlevant ses morts et ses blessés. Dans cette action, deux de nos soldats reçurent la mort; six furent blessés. Le capitaine du génie d'Oussière, officier de beaucoup de mérite, eut le bras cassé par une balle. En rendant compte de ces différens combats, le général Damremont donna des éloges à la conduite du colonel Magnan; de MM. Buart, chef de bataillon; Lacroix et Arrighi, capitaines dans le 49ᵉ; Boullé, lieutenant-colonel, et Carcenac, chef de bataillon dans le 6ᵉ de ligne; Foy et Ligniville, capitaines d'état-major; La Fare, officier d'ordonnance; Lamy, capitaine, et Vernier, lieutenant d'artillerie; Ardent, capitaine du génie.

Pendant la journée du 11, on remarqua beaucoup de mouvemens parmi les Arabes. Leurs forces s'étaient accrues : la tribu des Berbères, une des plus considérables et des plus belliqueuses de la Régence, avait marché contre nous, et une nouvelle attaque de nuit paraissait imminente; à onze heures du soir, quelques coups de fusil partis de la plaine annoncèrent l'approche de l'ennemi. Les deux redoutes se trouvaient à des distances inégales de l'enceinte de la ville. La plus avancée, qui semblait devoir être attaquée la première, avait été mise dans un état complet de défense. Le général Damremont s'y plaça. Ce fut contre l'autre, dont la construction n'était pas encore entièrement terminée, que les Arabes marchèrent avec le plus d'audace. On les vit s'élancer sur les parapets, en poussant de grands cris; mais un feu très vif d'artillerie et de mousqueterie les eut bientôt forcés à la retraite. Cet échec ne les avait point abattus. A une heure du matin, les deux redoutes furent assaillies en même temps; quelques hommes franchirent le fossé de celle où se trouvait le général français, et se firent tuer à coups de baïonnette sur le parapet et dans les embrasures. Le courage calme de nos soldats fit encore échouer cette attaque désespérée. On compta autour des redoutes quatre-vingt-cinq cadavres, parmi lesquels les Maures reconnurent celui du beau-frère du bey de Constantine.

Le corps expéditionnaire eut à regretter deux canonniers, un sergent du 49e de ligne et un fusilier du 6e, tous morts à leur poste. Douze hommes furent atteints de blessures généralement peu graves.

La perte qu'avait éprouvée l'ennemi dans ce combat, un des plus vifs de la campagne, le rendit moins audacieux. Il ne fit plus d'attaque sérieuse; mais il continua de se montrer en force dans le pays environnant.

Le général Damremont reçut, le 18 août, l'ordre de ramener à Alger le corps dont le commandement lui avait été confié. Le même jour, les bâtimens nécessaires pour le transport des troupes arrivèrent devant Bonne. De sages mesures furent prises par les commandans des forces de terre et de mer pour que l'embarquement s'opérât avec ordre. Une brise très forte avait agité la mer, et ce ne fut qu'avec beaucoup de temps et d'efforts que l'on parvint à transporter à bord toute l'artillerie; il fallut renoncer à emporter vingt pièces de vin qui faisaient partie de l'approvisionnement de vivres. Ce ne fut que le 20 au soir que les troupes commencèrent à s'embarquer. Les compagnies d'élite quittèrent la ville le 21 à onze heures du matin; le colonel Magnan les commandait; il eut à repousser jusqu'au dernier moment les efforts de l'ennemi, qui occupait nos positions à mesure qu'elles étaient abandonnées. Loyalement secondé par les habitans de Bonne, il acheva, sans avoir éprouvé de perte, une opération qui présentait beaucoup de difficultés. La reconnaissance nous impose l'obligation de citer le fait suivant :

Un canonnier était resté dans la ville pendant que ses camarades se rendaient à bord; déjà les dernières barques allaient s'éloigner, lorsque des habitans firent signe aux matelots qui conduisaient ces barques de suspendre leur départ : elles se trouvaient au pied d'un rocher, du haut duquel on fit descendre, à l'aide de sangles et de cordes, le soldat d'artillerie.

Les Maures de Bonne avaient déjà donné au général Damremont une preuve éclatante de dévouement, en combattant avec nos troupes pendant la nuit du 11 au 12 août; plein de confiance dans leur loyauté, il leur laissa des cartouches, et reçut d'eux la promesse qu'ils se défendraient jusqu'à la dernière extrémité.

Les bâtimens sur lesquels les deux régimens français s'étaient embarqués mirent à la voile le 21; trois jours après ils se trouvèrent dans la rade d'Alger; le chef de cette courte, mais laborieuse expédition, avait montré autant de sagesse dans ses dispositions que de vigueur sur le champ de bataille. La conduite brillante du colonel Magnan répondit à l'opinion qu'on avait déjà conçue de lui.

Le corps expéditionnaire d'Oran échappa aux embarras d'un réembarquement. Lorsque le contre-ordre arriva, déjà les bâtimens qui étaient partis d'Alger le 6 août, avaient mouillé dans la rade de Marselquebir; mais les troupes étaient encore à bord. On fit savoir au bey que le signal du départ allait être donné, et que, s'il en exprimait le désir, une frégate le transporterait à Smyrne avec les Turcs qui lui étaient restés fidèles; mais ses négociations avec les Arabes lui faisant espérer leur prompte soumission, il abandonna son premier projet, sans toutefois que ses dispositions parussent être moins amicales. Il déclara au colonel Goutefrey qu'il se considérerait toujours comme sujet du Roi de France. On reconnut plus tard que ses promesses étaient sincères.

Avant de s'éloigner, le colonel Goutefrey fit sauter un des fronts du fort Marselquebir. Dès le 15 août, le bateau à vapeur *le Sphynx*, et les brigs *le Voltigeur* et *l'Endymion* se dirigèrent vers Alger avec six cents hommes du 21e de ligne. Les autres bâtimens mirent à la voile deux jours après.

On fit, après le retour des deux corps expéditionnaires, la récapitulation des pertes que l'armée avait éprouvées depuis le commencement de la campagne : 415 hommes avaient été tués ou étaient morts de leurs blessures, 2160 avaient été blessés.

Le 18 août, l'amiral Duperré avait communiqué au maréchal deux dépêches télégraphiques, qui lui annonçaient, l'une, que M. le duc d'Orléans avait été proclamé Roi des Français sous le nom de Louis-Philippe Ier, l'autre, qu'il avait été promu lui-même à la dignité d'amiral de France. Deux jours après on trouva dans les journaux la confirmation de ces nouvelles; mais ni l'avénement du nouveau Roi, ni l'ordre de le faire reconnaître, ne furent signifiés directement à

M. de Bourmont. Quelques personnes ont cru qu'il avait reçu des instructions à cet égard, et qu'il les avait tenues secrètes. Parmi les renseignemens que nous avons été à portée de recueillir, aucun ne nous a paru justifier cette supposition. En cessant de correspondre avec M. de Bourmont, on lui offrait un prétexte que sa position particulière le disposait à saisir. Toutes les fois que la question de la reconnaissance fut agitée, il parut croire qu'un acte de cette importance ne pouvait avoir lieu qu'après avoir été prescrit par le gouvernement. Il attribuait d'ailleurs le silence du ministre à l'arrivée prochaine de son successeur, et à l'intention où l'on était qu'un autre que lui fît proclamer le nouveau souverain.

En recevant la nouvelle des événemens de juillet, on avait pressenti que le général Clausel serait appelé au commandement de l'armée. Des lettres reçues de Paris annoncèrent qu'il en partirait au commencement d'août : il était attendu avec une vive impatience. L'espèce d'abandon dans lequel l'armée paraissait devoir rester jusqu'à son arrivée, y produisait du découragement. Cependant le bon esprit des troupes ne se démentit pas un moment, et jamais ni les officiers ni les soldats ne manquèrent au respect et aux égards qu'ils devaient à ceux qui les avaient commandés jusqu'alors. Ce fait est d'autant plus remarquable, que l'intention de quitter le service qu'avaient exprimée plusieurs officiers, aurait pu compromettre gravement leur autorité.

La nouvelle des changemens opérés en France s'était répandue dans les tribus voisines d'Alger. Généralement les Turcs et les Arabes les regardaient comme favorables à la conservation de leur indépendance. Depuis quelque temps le bey de Tittery avait cessé ses relations avec le maréchal, et on avait lieu de le croire peu disposé à tenir ses engagemens. Voulant le mettre dans l'obligation de s'expliquer, M. de Bourmont lui écrivit pour l'inviter à venir rendre compte de l'état de sa province. Dans sa réponse, datée de Medeah, le bey jeta le masque et se déclara l'ennemi des Français. Son principal grief était l'expulsion des Turcs : « Dans peu de jours, disait-il, je serai sous les murs d'Alger avec deux cent mille hommes ; c'est sur la plage orientale que j'attaquerai l'armée française, si elle ose m'attendre. »

Dans cette lettre, comme dans toutes les pièces écrites par des habitans de la Régence, à quelque classe qu'ils appartinssent, l'emploi des métaphores était peu fréquent. Le style figuré ne serait-il pas pour les Orientaux ce qu'est pour les Européens celui de la poésie? Dans leurs relations habituelles, les Algériens écrivent et parlent avec une simplicité remarquable. Peut-être les proclamations, qui avaient été rédigées à Paris, leur parurent-elles étranges, ou même inintelligibles. Nous regrettons de n'avoir pas entre les mains un mémoire qui fut adressé par l'un d'eux au maréchal; on trouverait dans cet écrit beaucoup de méthode, des vues saines, des idées positives et des notions pleines d'intérêt sur le caractère des habitans, et sur les moyens de faire naître parmi eux la confiance.

M. de Bourmont répondit au bey que l'armée française l'attendait avec une vive impatience, lui et ses deux cent mille hommes; que pour peu qu'il tardât à se présenter, on irait le chercher jusque dans le lieu de sa résidence, et qu'il recevrait le juste prix de son parjure. Aucun effet ne suivit cette menace. L'action du chef de l'armée était paralysée par la position fausse dans laquelle il se trouvait depuis le 10 août.

Déjà plusieurs officiers-généraux avaient quitté l'armée. Peu de temps après le départ du général Valazé, le maréchal-de-camp Bertier de Sauvigny et l'intendant en chef avaient été forcés, par l'altération de leur santé, de retourner en France. Le dernier, atteint d'une fièvre cérébrale, que les médecins regardaient comme dangereuse, s'était embarqué le 10 août: il avait été remplacé par le sous-intendant Sermet, qui bientôt eut lui-même M. Bruguière pour successeur. Les généraux Poret de Morvan, Clouet et Montlivault partirent vers la fin du mois d'août : le premier était malade depuis long-temps; de vives souffrances mettaient les deux autres hors d'état de faire un service actif.

Le duc d'Escars, peu de jours après qu'on eut appris les événemens de juillet, avait fait voile vers l'Angleterre, où il présumait que Charles X et le dauphin chercheraient un asile. Il voulait, avant de revenir en France, offrir ses derniers hommages à ces princes qui lui avaient donné des marques particulières d'affection. Parmi ceux-là même qui avaient le plus applaudi à la révolution, personne ne blâma sa démarche; loyal, bienveillant, exempt de préventions, il mérita et obtint l'estime des hommes de tous les partis. Le général Hurel le remplaça dans le commandement de la troisième division. Parmi les officiers supérieurs, plusieurs demandaient des congés de réforme; quelques uns même offrirent leur démission : ceux-ci croyaient céder uniquement à l'influence d'une opinion politique; en général, c'était une illusion. La plupart, s'ils s'étaient trouvés en France, n'auraient pas hésité à rester au service. L'ennui que leur causait le séjour d'Alger était à leur insu même la principale cause de leur détermination.

Le départ de près de la moitié des officiers-généraux et l'extrême affaiblissement du 3e de ligne et du premier régiment de marche, donnèrent lieu à quelques changemens dans l'organisation de l'armée; on réduisit à deux le nombre des brigades de la première division. L'une, composée du premier régiment de marche, du 14e et du 37e de ligne, couvrait la place en avant du front sud-ouest; l'autre, qui était sous les ordres du général Achard, comprenait le 3e, le 20e et le 28e régiment de ligne; elle campait en avant du fort de l'Empereur.

La division Loverdo occupait les casernes, les bâtimens de la marine, et des maisons particulières, que le départ des Turcs avait laissées disponibles. Quelques corps de cette division couchaient encore sous la tente. Pour leur offrir de meilleurs abris, le maréchal décida que tous les bâtimens de la Casauba seraient affectés au logement des troupes. On y plaça une partie de la brigade Damremont. Le grand quartier-général s'établit le 19 août dans la partie basse de la ville.

Les six régimens de la troisième division continuèrent d'occuper les nombreuses maisons de campagne qui se trouvent du côté de l'est. Les plus avancées étaient crénelées et renfermaient des approvisionnemens de cartouches. L'ennemi, qui n'avait pas d'artillerie, les aurait attaquées sans succès : aussi se bornait-il à épier les hommes qui s'éloignaient de leurs camps. Le 24 août, le colonel Frescheville alla, sans escorte, reconnaître les bords de l'Harash. L'officier payeur de son régiment l'accompagnait : leur imprudence eut de funestes résultats. Tous deux furent tués, lorsque, se rapprochant d'Alger, ils n'étaient plus qu'à 600 mètres des avant-postes de la troisième division. Le lendemain, on trouva leurs cadavres horriblement mutilés. M. de Frescheville est le seul officier supérieur d'infanterie qui ait péri dans la campagne.

Le jour de sa mort, deux Marabouts venus des environs d'Alcolea, village situé sur la partie inférieure du Massafran, se présentèrent au maréchal. Ils annoncèrent que plusieurs tribus arabes s'étaient déclarées contre le bey de Tittery ; on remit en même temps à M. de Bourmont une lettre que lui adressait un cheik de la plaine, et qui semblait confirmer l'assertion des Marabouts. Le cheik protestait de son dévouement aux Français, du désir de traiter avec eux, et il promettait d'apporter à Alger des grains et des bestiaux. A l'époque de l'arrivée du général Clauzel, il n'avait point encore tenu parole.

Le maréchal avait songé à jeter en avant de nos positions un corps d'éclaireurs formé de gens du pays. Il voyait dans cette disposition le moyen de connaître d'avance les mouvemens de l'ennemi, et d'établir des relations entre l'armée et les peuplades de l'intérieur; des messages avaient été adressés à diverses tribus, et cinq cents hommes s'étaient déjà présentés avant la fin du mois d'août. On les désigna indistinctement sous le nom de *Zouaves*, quoiqu'un petit nombre le fût réellement; le maréchal crut devoir laisser à son successeur le soin de terminer leur organisation, et les cinq cents hommes reçurent provisoirement une modique solde.

On avait depuis long-temps le projet d'enlever les pièces qui armaient les batteries du cap Matifoux. Deux compagnies des équipages de la marine débarquèrent au cap le 25 août. Des Arabes qui s'y trouvaient s'éloignèrent après avoir tiré quelques coups de fusil. Pas un homme ne fut atteint; mais de grandes difficultés s'opposaient à l'enlèvement des bouches à feu; pour les vaincre et braver les attaques de l'ennemi, il aurait fallu plus de monde qu'on n'en avait amené. On se contenta d'enclouer les pièces. Deux jours après on désarma la batterie de la pointe Pescada; les canons étant placés sur un rocher inaccessible du côté de la mer, il fallut les jeter au pied de ce rocher, où des embarcations vinrent les prendre.

L'un des bâtimens hors de service, dont le bois devait servir au chauffage des troupes, prit feu pendant la nuit du 27 au 28, et fut presque entièrement consumé. On accusa d'abord des marins mécontens d'avoir été expulsés de la plage de l'est où ils avaient commis des désordres. Les recherches que l'on fit ultérieurement ne confirmèrent pas cette opinion.

Le nombre des hommes entrant chaque jour dans les hôpitaux n'avait presque point varié; des bâtimens de l'armée navale transportaient fréquemment des malades à Marseille, où des hôpitaux avaient été établis sous l'active surveillance de M. l'intendant Rey. A la fin d'août, plus de quatre mille hommes avaient été évacués. L'amiral concourut de tout son pouvoir à l'exécution des mesures relatives à l'état sanitaire des troupes. Rien n'était changé dans ses relations avec le maréchal; cette bonne intelligence fut un moment altérée par la publication d'un rapport qui avait été adressé, le 28 juillet, au ministre de la marine. L'amiral, qui l'avait rédigé, énonçait comme certain un fait sur lequel on élevait quelques doutes; c'est que le nombre des malades avait été proportionnellement plus considérable parmi les soldats du 48e que parmi les marins qui faisaient partie de la garnison de Sidi-Ferruch; il paraissait l'attribuer à ce que la discipline dans l'armée de terre manquait, jusqu'à un certain point, de rigueur. Des officiers de cette armée demandèrent que leur chef se plaignît de quelques expressions qui les avaient blessés; après avoir résisté quelques jours à leurs instances, le maréchal adressa, le 1er septembre, à l'amiral Duperré, une lettre dont on trouvera la copie à la fin de ce Journal.

L'amiral parut affligé de l'effet qu'avait produit sa lettre; la regardant comme confidentielle, il n'en avait pas, dit-il, pesé toutes les expressions; mais jamais sa pensée n'avait pu être de troubler une harmonie que, dans l'intérêt de la France, il était si important de maintenir. Un fait que nous aimons à publier est conforme à ce langage. A l'époque où fut écrit le rapport dont nous avons fait mention, l'amiral Duperré avait protesté, auprès du ministre de la marine, contre les bruits injurieux auxquels l'inventaire du trésor avait donné lieu; il affirmait que cette opération s'était faite avec la plus grande régularité, et qu'il lui suffisait, pour en être convaincu, qu'elle eût été dirigée par un homme aussi pur que M. Firino.

Le 2 septembre, on signala le vaisseau de guerre *l'Algésiras*, sur lequel le général Clauzel était embarqué; lorsque ce bâtiment eut mouillé dans la rade, l'ordre du jour suivant fut adressé aux troupes :

« Le lieutenant-général comte Clauzel vient prendre le commandement de l'armée. Au moment de s'éloigner des troupes dont la direction lui a été confiée dans une campagne qui n'est pas sans gloire, le maréchal éprouve des regrets qu'il a besoin de leur exprimer; les marques de confiance qu'il a reçues d'elles l'ont pénétré d'une vive reconnaissance. Il eût été heureux pour lui qu'avant son départ ceux dont il a signalé le dévouement en eussent reçu le prix; mais cette dette ne tardera pas à être acquittée. Le maréchal en trouve la garantie dans le choix de son successeur : les titres qu'ont acquis les militaires de l'armée d'Afrique auront désormais un défenseur de plus. »

Avant l'arrivée du général Clauzel, M. de Bourmont avait le projet de se rendre directement à Marseille. Des lettres de sa famille, que lui porta *l'Algésiras*, ébranlèrent sa résolution; on lui conseillait de différer son retour en France. Son successeur lui-même paraissait croire que le parti le plus sage était de faire quarantaine à Mahon, et d'attendre soit dans l'une des Baléares, soit en Espagne, que le temps eût calmé les esprits et assoupi les haines.

Le maréchal résolut de suivre ce conseil, et il en prévint le ministre de la guerre; la lettre qu'il lui adressa annonçait l'intention de ne pas rester long-temps éloigné de la France. A l'approche du procès de ses anciens collègues, sa rentrée, disait-il, pouvait être un embarras pour le ministère; ce motif le décidait à la retarder. Il ajoutait que, dans le cas où sa quarantaine terminée, les mêmes obstacles s'opposeraient à ce qu'il revît la France, il se retirerait en Belgique. Parmi les États limitrophes, il croyait devoir préférer celui dont la situation politique devait faire naître le moins de défiance.

Après quelques hésitations, le maréchal résolut de se rendre à Mahon; la demande qu'il fit d'y être transporté sur un bâtiment de l'État n'ayant pas été accueillie, il s'embarqua, le 3 septembre, sur le brig autrichien l'*Amatissimo;* deux de ses fils l'accompagnaient. Pour ôter tout prétexte à de nouvelles calomnies, il fit ouvrir ses malles et constater ce qu'elles renfermaient, par le principal agent des douanes. Ce revers de fortune qui transformait en proscrit et en exilé un homme que naguère un brillant fait d'armes avait élevé à la dignité de maréchal de France, produisit une vive impression.

Cinquante personnes environ avaient accompagné le nouveau général en chef; la plupart arrivaient avec de fortes préventions. Comment supposer en effet que, sans cause réelle, d'aussi violentes clameurs se fussent élevées? Heureusement la sagesse et l'impartialité du général Clauzel prévinrent de fâcheux dissentimens. A peine fut-il au milieu de nous qu'il reconnut la fausseté de ces accusations faites et accueillies avec une égale légèreté. On avait cherché à lui faire croire que l'armée était livrée à l'anarchie; il lui fut bientôt démontré que les derniers événemens même n'y avaient point affaibli les liens de la discipline. On avait peint nos soldats tristes, abattus, expirant de faim; en les passant en revue, le général en chef parut également satisfait de leur belle tenue et de leur attitude guerrière. Dans aucune autre armée, les distributions de vivres ne s'étaient faites avec plus de régularité; l'approvisionnement en farines qui se trouvait dans les magasins, suffisait pour la consommation de soixante-dix jours. Un homme moins sincère aurait attendu pour faire connaître le véritable état des choses, qu'on pût lui attribuer tout ce qu'il présentait de satisfaisant (1); nous avons des raisons de croire que le général Clauzel s'empressa de faire connaître la vérité au gouvernement.

Quelques officiers, comme on l'a déjà dit, paraissaient décidés à quitter le service. Quoique dévoué à la cause qui venait de triompher, le général en chef pensa que cette détermination pouvait être dictée par un sentiment honorable, que la réflexion et une connaissance plus exacte des faits ne tarderaient pas à ramener à d'autres idées ceux qui l'avaient prise; enfin, qu'au moment où une lutte terrible semblait prête à s'engager, il fallait retenir sous les drapeaux tous les militaires dont la capacité et la bravoure étaient éprouvées : plusieurs de ceux qui avaient songé à se retirer reçurent des congés de convalescence.

On organisa une commission d'enquête qui devait porter une attention sévère sur les opérations relatives au trésor; elle était présidée par le général Delort, qui avait remplacé le général Desprez dans les fonctions de chef d'état-major. Ceux même que l'on faisait en quelque sorte descendre sur le banc des accusés furent heureux de penser que la vérité allait se faire jour.

[1] *Successor electus, rarissima moderatione, maluit videri invenisse bonos quam fecisse.* (TACITE, *Vie d'Agricola.*)

Le général Clauzel ne se contenta pas de repousser des soupçons dont il reconnaissait l'injustice, il fit valoir auprès du gouvernement les services qui avaient été rendus avant qu'il commandât l'armée; chargé de donner son avis sur les propositions d'avancement qu'avait faites M. de Bourmont, il écrivit qu'elles lui paraissaient consciencieuses, et qu'il croyait de son devoir de les renouveler; enfin il appuya la demande d'une somme de 3 millions de francs à répartir entre ceux qui avaient fait l'expédition.

Ainsi, la confiance qu'avait exprimée l'ordre du jour du 2 septembre fut pleinement justifiée. Les procédés généreux du général Clauzel lui ont peut-être fait encourir le blâme de quelques hommes passionnés; s'il en était ainsi, la reconnaissance de ceux pour lesquels il fut juste et bienveillant, lui offrirait une suffisante compensation.

Tels sont les faits dont l'auteur de ce journal a eu connaissance. Se défiant de ses forces, n'ignorant pas d'ailleurs que l'impartialité même peut donner lieu à des interprétations malveillantes, il avait pris d'abord la résolution de ne pas publier ses souvenirs; mais le désir d'obtenir justice pour l'armée dont il faisait partie a triomphé de sa répugnance; il se consolera facilement des critiques, s'il parvient à détruire quelques erreurs. Déjà les préventions commencent à s'affaiblir ; déjà l'on reconnaît qu'il y a eu quelque gloire à faire en vingt jours une conquête entreprise plusieurs fois et toujours sans succès. D'autres titres honoreront l'armée d'Afrique. On dira un jour que 50 millions sont tombés en son pouvoir, et que jamais prise aussi considérable n'enrichit moins ceux qui l'avaient faite. Quelque puissante que soit la calomnie lorsque les passions politiques lui prêtent secours, elle sera vaincue par l'évidence des faits. Que ceux qui ont concouru à cette mémorable expédition cessent de s'affliger de quelques injustices éphémères : la reconnaissance des nations civilisées sera le noble prix de leurs efforts. D'autres victoires, sans doute, ont eu plus d'éclat, mais aucune ne coûta moins de larmes à l'Europe. Plusieurs États ont été affranchis d'odieux tributs. En tombant sous les coups de l'armée française, la plus puissante des cités barbaresques a révélé la faiblesse de Tunis et de Tripoli ; aussi une sommation a-t-elle suffi pour que la France obtînt toutes les réparations qu'elle exigeait. Le succès de l'expédition n'a pas seulement détruit un prestige; tout ce qui constituait la force matérielle d'Alger est anéanti ou peut l'être au premier signal, et quand bien même les étendards français cesseraient de flotter sur la plage africaine, le commerce maritime n'aurait plus à redouter les périls et les outrages auxquels il fut si long-temps exposé. Les dix-huit cents bouches à feu qui armaient les batteries, les munitions de guerre, le trésor, les bâtimens de guerre, transportés en France, les Turcs rejetés dans l'Asie-Mineure, ne permettent plus aux Algériens de reprendre le rang qu'ils occupaient. C'est par les Turcs seuls que la piraterie était exercée; les Maures et les Arabes pourront dépouiller et assassiner quelques naufragés; mais, entièrement étrangers à l'art de diriger un navire, jamais la mer ne sera le théâtre de leurs déprédations. Ceux-là sont dans l'erreur qui pensent qu'aussitôt après l'évacuation d'Alger, une nouvelle milice turque y rétablirait l'ancien état de choses. Peut-on songer à recréer en entier un corps qu'affaiblissait chaque année l'insuffisance des enrôlemens. Pour que le pouvoir renversé se relevât, il faudrait que vingt mille hommes fussent jetés à la fois sur la côte d'Afrique. Où les rassemblerait-on? où se trouveraient les moyens de transport nécessaires? Ces difficultés vaincues, que deviendrait la nouvelle milice sans forteresse, sans artillerie, sans argent, sans subsistances, sans appui d'aucune espèce; affaiblie et découragée par les privations et par les maladies qui en seraient la suite inévitable, elle verrait ses rangs s'éclaircir avec une extrême rapidité. Que si sa destruction n'était pas immédiate, le moindre effort tenté par les puissances maritimes de l'Europe, ou même par les faibles États de l'Italie, suffirait pour abattre cette tête renaissante. Ainsi, quelle que soit la résolution prise par le gouvernement français, l'Europe ne perdra pas les fruits de l'expédition.

D'autres résultats seront-ils obtenus? La France possédera-t-elle, à cent cinquante lieues des limites de son territoire, une colonie qui puisse la consoler de la perte de Saint-Domingue? L'Afrique offrira-t-elle un asile à la partie surabondante de notre population? Suffira-t-il, pour que la Régence voie renaître la culture des céréales, que ses blés soient reçus, sans subir de droits, dans les ports français? La température est-elle assez élevée dans la Metidja pour que le cafier, l'indigo et la canne à sucre puissent y prospérer? N'est-il pas à craindre que, comme dans les colonies allemandes de l'Andalousie, le regret de la terre natale, l'ennui, et cette répugnance pour le travail, à laquelle il est si difficile d'échapper sous un ciel brûlant, ne produisent une rapide décadence? Enfin, les obstacles qu'opposent à la sincère soumission des Arabes leur religion, leur langue et leurs usages, peuvent-ils être surmontés par une administration sage? C'est à ceux qu'un long séjour en Afrique a mis plus à portée que nous d'y apprécier les choses et les hommes, qu'il appartient de résoudre ces questions.

LETTRE DU MARÉCHAL DE BOURMONT

A L'AMIRAL DUPERRÉ.

« Monsieur l'Amiral,

« Je viens de lire dans les journaux un rapport que Votre Excellence a adressé au ministre de la marine, sous la date du 28 juillet; j'y ai trouvé, avec autant de surprise que de chagrin, des expressions peu bienveillantes, au moins en apparence, pour l'armée que j'ai l'honneur de commander. Des réclamations très vives m'ont été adressées par les généraux et les colonels. Persuadé, comme je le suis, que votre intention n'a pas été d'offenser de braves gens qui aiment à voir dans les marins des compatriotes, des amis et des camarades, je crois devoir appeler sur ce sujet l'attention de Votre Excellence. J'ai cherché, monsieur l'Amiral, à faire valoir ce que l'armée d'Afrique a fait d'honorable; mais jamais on ne m'a entendu exalter aux dépens de l'armée navale sa bravoure et sa discipline. Tous les enfans de la France me paraissent avoir acquis dans cette campagne leur part de gloire. Vous affirmez, dans le rapport précité, qu'à Sidi-Ferruch le nombre des malades a été proportionnellement moins considérable parmi les troupes de la marine que dans l'armée de terre ; je ne prétends pas contester l'exactitude de cette assertion, mais je doute que le fait, s'il existe, puisse être attribué à la cause que vous indiquez. Personne ne sait mieux que moi combien la discipline est sévère à bord des bâtimens de l'État ; mais j'ai remarqué aussi qu'à terre il était difficile de contenir les soldats de la marine, et que leur goût prononcé pour le vin pouvait avoir de graves inconvéniens. Plusieurs officiers de l'armée navale me l'ont fait observer à l'époque où la défense de la presqu'île devait être confiée exclusivement à des marins ; quoi qu'il en soit, vous n'avez rien lu dans mes rapports dont les troupes sous vos ordres pussent avoir à se plaindre. Permettez, monsieur l'Amiral, qu'au nom de tous mes camarades je réclame la réciprocité ; des insinuations semblables à celles dont il s'agit pourraient, si elles se renouvelaient, exciter de funestes inimitiés entre des hommes appelés à défendre la même cause. Votre cœur français entendra le mien ; et vous apprécierez, j'ose l'espérer, le sentiment qui a dicté ces observations. »

TABLEAU N° I.

État des bâtimens de la Marine royale employés à l'Expédition d'Afrique.

BATIMENS ARMÉS A TOULON.

NOMS DES BATIMENS.	ESPÈCE de BATIMENS.	NOMBRE de canons qu'ils portaient.
La Provence	Vaisseau (amiral)	82
Le Trident	*Id.* (second amiral)	82
Le Breslaw	*Idem*	82
La Ville de Marseille	*Idem*	58
Le Scipion	*Idem*	58
La Pallas	Frégate	58
L'Amphitrite	*Idem*	58
L'Iphigénie	*Idem*	60
La Didon	*Idem*	60
La Marie-Thérèse	*Idem*	58
La Proserpine	*Idem*	28
La Cybèle	*Idem*	28
La Thémis	*Idem*	28
La Cornélie	Corvette de guerre	20
La Bayonnaise	*Idem*	20
L'Actéon	Brig	20
Le Dragon	*Idem*	20
L'Alerte	*Idem*	20
Le Ducouëdic	*Idem*	20
Le Zèbre	*Idem*	16
Le Rusé	*Idem*	16
L'Euryale	*Idem*	16
Le Faune	*Idem*	16
La Lamproie	Gabare	12
Le Vésuve	Bombarde	2
L'Hécla	*Idem*	2
Le Volcan	*Idem*	2
Le Cyclope	*Idem*	2
L'Achéron	*Idem*	2
Le Vulcain	*Idem*	2
Le Finistère	*Idem*	2
Le Dore	*Idem*	2
Le Souffleur	Bateau à vapeur	9
Le Nageur	*Idem*	9
Le Coureur	*Idem*	4
La Ville du Havre	*Idem*	»

(*Suite du Tableau* N° 1.)

BATIMENS ARMÉS A BREST.

NOMS DES BATIMENS.	ESPÈCE de BATIMENS.	NOMBRE de canons qu'ils portaient.	ÉPOQUE du départ.	ÉPOQUE de l'arrivée à Toulon.
Le Duquesne......	Vaisseau...	58	28 mars.	23 avril.
Le Nestor.........	*Idem*	58	27 avril.	11 mai.
Le Marengo.......	*Idem*	58	27 mars.	16 avril.
Le Superbe........	*Idem*	62	26 avril.	11 mai.
La Couronne.....	*Idem*	62	30 mars.	24 avril.
La Guerrière......	Frégate....	58	27 mars.	23 avril.
La Surveillante ...	*Idem*	60	13 avril.	4 mai.
La Jeanne-d'Arc...	*Idem*	52	*Idem.*	3 mai.
La Vénus.........	*Idem*	52	28 mars.	18 avril.
La Médée.........	*Idem*	28	13 avril.	7 mai.
L'Aréthuse........	*Idem*	28	19 avril.	11 mai.
La Thétis.........	*Idem*	28	27 mars.	18 avril.
La Magicienne.....	*Idem*	28	5 avril.	9 mai.
La Bonite.........	Corv. de ch.	12	13 mars.	18 avril.
Le Libyo..........	*Idem*	12	27 mars.	19 avril.
L'Adonis.........	*Idem*	12	4 avril.	7 mai.
Le Rhône.........	*Idem*	12	27 mars.	23 avril.
Le Tarn..........	*Idem*	12	13 avril.	9 mai.
La Caravane......	*Idem*	12	13 mars.	8 avril.
Le Griffon........	Brig.......	20	27 mars.	24 avril.
L'Alcibiade.......	*Idem*	20	3 mai.	20 mai.
L'Endymion.......	*Idem*	20	30 mars.	3 mai.
La Capricieuse....	*Idem*	16	5 mars.	31 mars.
La Vigogne.......	Gabare.....	10	27 mars.	26 avril.
Le Robuste.......	*Idem*	10	30 mars.	27 avril.
Le Chameau.......	*Idem*	10	31 mars. (De Cadix.)	10 avril.
La Garonne.......	*Idem*	10	27 mars.	23 avril.
Le Bayonnais......	*Idem*	10	*Idem.*	4 mai.
Le Pélican (a relâché à la Corogne)....	Bateau à vapeur......	9	16 mars.	22 mai.
BATIMENS ARMÉS A LORIENT.				
L'Algésiras........	Vaisseau...	62	30 mars.	22 avril.
L'Herminie.......	Frégate....	60	27 mars.	18 avril.
L'Artémise.......	*Idem*	52	28 mars.	23 avril.
L'Orithye........	Corv.-aviso.	18	*Idem.*	22 avril.
L'Alsacienne......	Canon.-brig.	8	14 mars.	2 mai.

(*Suite du Tableau N° 1.*)

BATIMENS ARMÉS A CHERBOURG.

NOMS DES BATIMENS.	ESPÈCE de BATIMENS.	NOMBRE de canons qu'ils portaient.	ÉPOQUE du départ.	ÉPOQUE de l'arrivée à Toulon.
La Belle-Gabrielle.	Frégate.....	60	24 mars.	22 avril.
La Melpomène....	*Idem*.....	60	4 avril.	3 mai.
La Créole.........	Corvette de guerre.....	24	21 févr.	9 avril.
La Truite.........	Gabare....	12	4 avril.	9 mai.
BATIMENS ARMÉS A ROCHEFORT.				
Le d'Assas........	Brig........	20	26 avril.	19 mai.
L'Iris..............	Goëlette...	14	21 mars.	18 avril.
Le Sphinx.........	Bat. à vap..	9	19 mars.	16 avril.
Le Rapide.........	*Idem*.....	»	21 mars.	28 avril.
BATIMENS ARMÉS A BAYONNE.				
La Perle..........	Corv. de g..	16	8 avril.	21 mai.
La Dordogne......	*Idem* de ch.	12	26 mars.	*Idem.*
BATIMENT ARMÉ AU HAVRE DE GRACE.				
L'Astrolabe.......	Gabare....	12	4 avril.	5 mai.

Récapitulation.

Bâtimens armés à	Toulon.................	36
	Brest..................	29
	Lorient................	5
	Cherbourg..............	4
	Rochefort..............	4
	Bayonne................	2
	au Havre...............	1
		81

A ce nombre, il faut ajouter les bâtimens de la croisière devant Alger, et les bâtimens envoyés en mission dans différens ports d'Espagne et des États barbaresques.	22
TOTAL des bâtim. du Roi employés à l'expéd. d'Afrique.	103
Chalans construits à Toulon, destinés au débarquement des troupes et du matériel..................	55
BATIMENS DE COMMERCE.	
Transports, non compris ceux affrétés par M. Seillière, munitionnaire général de l'expédition.........	347
Bateaux catalans, de l'île, bœufs et génois, destinés au débarquement des troupes.....................	140

TABLE II.

Situation de l'Armée d'expédition d'Afr[illegible]époque de son embarquement, le 11 mai 1830.

1. ÉTAT-M[illegible]ÉRAL.

OFFICIERS-GÉNÉRAUX ET SERVICES DIVERS.	HOMMES.			CHEVAUX			
	[illegible]ciers.	Troupe.	Total.	D'officiers.	De troupe.	De trait.	Total des chevaux embarqués.
Commandant en chef, comte DE BOURMONT	7	»	7	16	»	6	22
Chef d'état-major général, lieutenant-général DESPREZ	4	»	4	8	»	4	12
Sous-chef d'état-major général, maréchal-de-camp THOLOZÉ	3	»	3	5	»	2	7
État-major général	13	»	13	26	»	»	26
A la suite du quartier-général, BARTILLAT, col., comm. le quartier[illegible]	6	»	6	8	»	»	8
Ingénieurs-géographes; FILHON, capitaine	4	»	4	»	»	»	»
Interprètes et guides	25	»	26	»	»	»	»
Intendance militaire; baron DENNIÉE, intendant en chef	19	»	19	23	»	19	42
Trésorerie; FIRINO, payeur général	13	»	13	28	»	»	28
Subsistances militaires; DE LISLEFERME et BREIDT, directeurs	83	»	83	2	»	»	2
Habillement et campement; LASSERRE, inspecteur	17	»	17	1	»	»	1
Service de santé : médecins; ROUX, médecin en chef	22	»	22	2	»	»	2
Service de santé : chirurgiens; MAURICHEAU, chirurgien en chef	158	»	158	2	»	»	2
Service de santé : pharmaciens; CHARPENTIER, pharmacien en c[illegible]	90	»	90	2	»	»	2
Service de santé : officiers d'administration; MICHEL, directeur	102	»	102	2	»	»	2
Postes de l'armée	1	6	7	»	»	2	2
Service lithographique	2	2	4	»	»	»	»
TOTAL de l'État-Major général	569	8	577	125	»	33	158
Force publique; de Neuilly, lieutenant-colonel, prévôt	7	120	127	9	25	1	35

2. ARTILLERIE.

Vicomte LA HITTE, maréchal-de-camp, commandant	3	»	3	5	»	2	7
État-Major et petit État-Major; D'ESCLAIBES, chef; ROGERÉ, direct.	24	14	38	37	»	1	38
4 batteries de camp. montées. (Matér. et mulets pour une batt. d'obus[illegible]	16	682	698	16	66	576	658
10 batteries non montées	40	1000	1040	»	»	»	»
Troisième compagnie de pontonniers	4	100	104	»	»	»	»
Quatrième compagnie d'ouvriers	4	59	63	»	»	»	»
Première, deuxième, troisième et quatrième compagnies du train de[illegible]	9	413	422	10	61	580	651
TOTAL des troupes	73	2254	2327	26	127	1156	1309

3. GÉNIE.

OFFICIERS-GÉNÉRAUX ET SERVICES DIVERS.	HOMMES.			CHEVAUX			
	[illegible]ciers.	Troupe.	Total.	D'officiers.	De troupe.	De trait.	Nombre de chevaux embarqués.
Baron VALAZÉ, maréchal-de-camp, commandant	2	»	2	4	»	2	6
État-major, baron DUPAU, chef	22	7	29	23	»	1	24
Six compagnies de sapeurs, deux de mineurs, état-major de bataillon	36	1202	1238	21	»	4	25
Demi-compagnie du train	2	70	72	2	12	94	108
TOTAL des troupes	38	1272	1310	23	12	98	133

4. INFANTERIE.

	OFFICIERS-GÉN.	ÉTATS-MAJORS.	RÉGIMENS.							
PREMIÈRE DIVISION.	Bar. BERTHEZÈNE. (lieutenant-général.)			4	»	4	8	»	4	12
		Colon. DE BROSSARD, chef.		5	»	5	10	»	1	11
		État-major des brigades.		9	»	9	15	»	6	21
	Première brigade. Baron PORET DE MORVAN.		1er de marc.; FRESCHEVILL…	60	1654	1714	11	»	4	15
			3e de ligne; ROUSSEL, idem…	60	1654	1714	10	»	4	14
			TOTAL de la première bri…	[illegible]	3308	3428	21	»	8	29
	Deuxième brigade. Baron ACHARD.		14e de ligne; D'ARMAILLÉ, …	60	1654	1714	10	»	4	14
			37e de ligne; FEUCHÈRES, id…	60	1654	1714	10	»	4	14
			TOTAL de la deuxième bri…	[illegible]	3308	3428	20	»	8	28
	Troisième brigade. Baron CLOUET.		20e de ligne; HORRIC, colo…	60	1654	1714	10	»	4	14
			28e de ligne; MOUNIER…	60	1654	1714	10	»	4	14
			TOTAL de la troisième bri…	[illegible]	3308	3428	20	»	8	28
	TOTAL de la première division			[illegible]	9924	10284	61	»	24	85
DEUXIÈME DIVISION.	Comte LOVERDO			4	»	4	8	»	4	12
		Colonel JACOBI, chef		5	»	5	10	»	1	11
		État-major des brigades		9	»	9	17	»	6	23
	Première brigade. Ce DAMREMONT.		6e de ligne; DE LA VILLEGON…	60	1654	1714	10	»	4	14
			49e de ligne; MAGNAN	60	1654	1714	10	»	4	14
			TOTAL de la première bri…	[illegible]	3308	3428	20	»	8	28
	Deuxième brigade. Vicomte d'UZER.		15e de ligne; MANGIN	60	1654	1714	10	»	4	14
			48e de ligne; LÉRIDANT	60	1654	1714	10	»	4	14
			TOTAL de la deuxième bri…	[illegible]	3308	3428	20	»	8	28
	Troisième brigade. D'ARCINE.		21e de ligne; GOUTEFREY	60	1654	1714	10	»	4	14
			29e de ligne; DELACHAU	60	1654	1714	10	»	4	14
			TOTAL de la troisième bri…	[illegible]	3308	3428	20	»	8	28
	TOTAL de la deuxième division			[illegible]	9924	10284	60	»	24	84

	OFFICIERS-GÉN.	ÉTATS-MAJORS.	RÉGIMENS.	HOMMES. Officiers.	HOMMES. Troupe.	HOMMES. Total.	CHEVAUX d'officiers.	CHEVAUX de troupe.	CHEVAUX de trait.	NOMBRE DE CHEVAUX EMBARQUÉS.
TROISIÈME DIVISION.	Duc D'ESCARS (lieutenant-général.)	....	....	4	»	4	8	»	4	12
		Colonel PETIET, chef	....	5	»	5	10	»	1	11
		État-major des brigades	....	9	»	9	27	»	8	28
	Première brigade. Vicomte BERTIER.		2e de marche; DE NEUCHÈ	60	1654	1714	11	»	4	15
			35e de ligne; RULLIÈRE...	60	1654	1714	10	»	4	14
			TOTAL de la première bri	120	3308	3428	21	»	8	29
	Deuxième brigade. Baron HUREL.		17e de ligne; DUPRAT....	60	1654	1714	10	»	4	14
			30e de ligne; DE BEAUFRÉ.	60	1654	1714	10	»	4	14
			TOTAL de la deuxième bri	120	3308	3428	20	»	8	28
	Troisième brigade. Comte DE MONTLIVAULT.		23e de ligne; DE MONTBOU	60	1654	1714	10	»	4	14
			34e de ligne; DE ROUCY...	60	1654	1714	10	»	4	14
			TOTAL de la troisième bri	120	3308	3428	20	»	8	28
			TOTAL de la troisième division........	360	9924	10284	61	»	24	85
5. CAVALERIE.										
Un escadron du 13e et deux du 17e chasseurs; BONTEMS DUBARRY, colonel....				33	501	534	47	456	»	503
6. TROUPES DE L'ADMINISTRATION.										
Quatre compagnies d'ouvriers d'administration..........				15	813	828	»	»	10	10
Quatre compagnies, un cadre de compagnie et un état-major du train des équip[ages], savoir : deux compagnies pour les caissons, deux pour les mulets; le cadre p[our le] transport à loyer..........				26	825	851	32	132	1166	1330
Service des postes et du trésor..........				»	45	45	»	5	40	45
TOTAL des troupes de l'administration..........				41	1683	1724	32	137	1216	1385
Récapitulation. ÉTAT-MAJOR général..........				569	8	577	125	»	33	168
ÉTAT-MAJOR des divisions..........				54	»	54	103	»	33	136
ÉTAT-MAJOR de l'artillerie..........				27	14	41	42	»	3	45
ÉTAT-MAJOR du génie..........				24	7	31	27	»	3	30
FORCE PUBLIQUE..........				7	120	127	9	25	1	25
TOTAL..........				681	149	830	306	25	73	404
TROUPES.... Infanterie..........				1080	29772	30852	182	»	72	254
TROUPES.... Cavalerie..........				33	501	534	47	456	»	503
TROUPES.... Administration..........				41	1683	1724	32	137	1216	1385
TROUPES.... Artillerie..........				73	2254	2327	26	127	1156	1309
TROUPES.... Génie..........				38	1272	1310	23	12	98	133
TOTAL GÉNÉRAL DE L'ARMÉ[E]				1946	35831	37577	616	757	2615	3988

MATÉRIEL DE L'ARTILLERIE.

Bouches à feu :

Canons de 24	30
Canons de 16	20
Canons de 12	12
Obusiers de 8 pouces	12
Mortiers de 10 pouces	8
Pièces de 8	16
Obusiers de 24	8
Obusiers de 12 (batterie de montagne)	6
Fusils de rempart	150
Fusils d'infanterie	2000
Chevalets pour lancer des fusées	6

Nombre de coups à tirer :

Par canons de 24, à raison de 1000 coups par pièce	30000
Par canons de 16, *idem*	20000
Par canons de 12, *idem*	12000
Par obusiers de 8 p., à raison de 800 coups.	9600
Par mortiers de 10 p., à raison de 500 coups.	4000
Par canons de 8, *idem*	8000
Par obusiers de 24, *idem*	4000
Par obus. de montagne, à raison de 200 coups.	1200
Par fusils de rempart, à raison de 500 coups.	75000
Cartouches d'infanterie	5000000
Poudre à canon ... kil.	28500
Fusées de guerre	500
Fusées de signaux	100
Balles à feu de 10 pouces	50
Boîtes à balles de 24, 16 et 12	1300
Gargousses en papier de 24, 16 et 12	72400
Fusées chargées à bombes de 10 pouces	8000
Idem à obus de 8 pouces	12000

Étoupilles confectionnées		100000
Mèche à canon	kil.	2450
Pierres à fusil d'infanterie		276400
Idem de rempart		4500
Grains de lumière		106
Affûts et voitures :		
Affûts de 24 et d'obusiers de 8 pouces		55
de 16		27
de 12		12
de mortiers de 10 pouces		10
de 8 et d'obusiers de 24		28
d'obusiers de montagne		6
Caissons de 8		32
d'obusiers de 24		16
d'infanterie		8
Porte-corps		25
Chariots à munition		100
Chariots d'outils du parc de siége		6
Idem des batteries de campagne		8
Charrettes à boulets		20
Forges du parc de siége		10
des batteries de campagne		4
Prélats		450
Armemens, autant que d'affûts, à canon		79
à obusier		15
à mortier		10
Plates-formes : Canon et obusier		74
Mortier		8
Portières d'embrasures		50
Outils pour faire les plates-formes		660
Pioches et pelles		8000
Piquets pour gabions		40000
Fascines pour *idem*		2500
Sacs à terre		100000
Charbon de terre	kil.	42000

Artifices, approvisionnemens divers, etc., dans la proportion adoptée pour les parcs de siége.

Poids du matériel composant l'équipage de siége (tonneaux métriques), environ	3000
Poids du matériel des batteries de campagne, au plus	200
Poids total du matériel de l'artillerie (tonn. mét.)	3200

MATÉRIEL DU GÉNIE.

Outils de sapeurs et mineurs.

Caissons d'outils de mineurs	4
Prolonges d'outils de sapeurs	6
Prolonges d'outils d'art pour sapeurs	2
Chargement de chevaux de bât pour sap. et mineurs.	4
Pioches	8540
Pelles rondes	9040
Pelles carrées	1020
Forges stables avec leurs approvisionnemens	4
Haches	2000
Serpes	4000
Manches de rechange	10000
Dames	100
Brouettes et civières	70
Hottes en osier	100
Crocs de sape	73
Fourches de sape	74

Approvisionnemens de sape.

Sacs à terre	215000
Fascines	2455
Petits piquets pour fascines	3480
Bottes de 10 piquets pour gabions ordinaires	8325
Paquets de sarmens pour gabions ordinaires	1090

Gabions carrés composés de quatre claies........ 4000
Piquets de gabions farcis.................... 940
Clayons pour *idem*........................ 790
Mantelets................................ 23
Armures................................ 12
Pantalons de toile......................... 220

Approvisionnemens de mine.

Châssis et planches pour galeries et rameaux, mètres courans, environ.................. 340

Voitures attelées.

Forges de campagne......................... 2
Prolonges................................ 20

Assortimens d'outils

de piseur pour un atelier de 40 hommes; de tourneur et tonnelier; de ferblantier et chaudronnier; de cordonnier.

Approvisionnement

de tôle, acier, fer.................. kil. 7000
de houille........................ kil. 10800
de cordages de toute espèce, mailles, longes, traits de manœuvre, commandes, amarres, cordages d'ancre, cordeaux à tracer.
de bois, jantes, perches, madriers, pilots ferrés, fuseaux de barrières, chevalets pour ponts.
de tourteaux, lanternes, réchauds de rempart, etc.
de ferrures, broches, clameaux, clous, etc.
de laine brute pour gabions farcis....... kil. 1242

Objets de gymnastique.

Crochets................................ 20
Perches d'assaut.......................... 150
Échelles d'assaut......................... 156

Objets de défenses accessoires.

Blockhaus appelés *schardacqs*	10
Piquets contre la cavalerie	200
Barils de chausses-trapes	13
Lances ou piquets pour hérissons	7000
Chevaux de frise de 3 mètres	300
Palissades	4200
Liteaux, mètres courans	2660

Instrumens divers.

400 seaux en toile à voile, 20 pompes, 2 sondes, 4 romaines, une balance, 7 planchettes, 4 boussoles, 2 sextans, 3 thermomètres, etc.

Poids total du matériel du génie (tonn. mét.), env. 700

MATÉRIEL DE L'ADMINISTRATION

ET APPROVISIONNEMENS EN VIVRES ET FOURRAGES.

Caissons à quatre roues	128
à deux roues	128
Tentes	4840
Fours en fer battu	21
Briques	180000
Outils et ustensiles	112
Caléfacteurs à une marmite	4500
Hangars pour cinquante malades	30
Lits en fer, avec matelas, draps, etc.	3000
Tablettes de bouillon ... kil.	3000
Bouteilles de chlorure	4000
Deux mois d'approvisionnement de vivres et fourrages pour toute l'armée; poids en tonneaux métriques, environ	4320
Plus, un mois d'approvisionnement pour la consommation pendant la traversée, environ	2160

FIN.

www.ingramcontent.com/pod-product-compliance
Ingram Content Group UK Ltd.
Pitfield, Milton Keynes, MK11 3LW, UK
UKHW020602230726
13926UKWH00005B/2143